This Book Offers Free Bonus Puzzles

Available Here:

BestActivityBooks.com/WSBONUS20

5 TIPS TO START!

1) HOW TO SOLVE

The Puzzles are in a Classic Format:

- Words are hidden without breaks (no spaces, dashes, ...)
- Orientation: Forward & Backward, Up & Down or in Diagonal (can be in both directions)
- Words can overlap or cross each other

2) LEVEL UP THE GAME!

A space is provided next to each word to write new ones, translations or notes. We also offer a convenient **NOTEBOOK** at the end of this edition. It can help you organize your annotations, new words and/or observations.

3) TAG YOUR WORDS

Have you tried using a tag system? For example, you could mark the words which have been difficult to find with a cross, the ones you loved with a star, new words with a triangle, rare words with a diamond and so on...

4) EASY TO CUT!

The Puzzles come with an Extra Large margin to easily cut the page out of the book. Some people may feel it more convenient to solve them this way.

5) FINISHED?

Go to the bonus section: **MONSTER CHALLENGE** to find a free game offered at the end of this edition!

Want **more fun** and activities to **relax? It's Fast and Simple!** An entire Game Book Collection **just one click away!**

Find your next challenge at:

BestActivityBooks.com/MyNextWordSearch

Ready, Set... Go!

Did you know there are around 7,000 different languages in the world? Words are precious.

We love languages and have been working hard to make the highest quality books for you. Our ingredients?

One part easy-to-read print, three parts entertainment, then we add some challenging words and a pinch of rare ones. We brew them with care to serve you lots of fun and an opportunity to solve the best puzzles.

Your feedback is essential. You can be an active participant in the success of this book by leaving us a review. Tell us what you liked most in this edition!

Here is a short link which will take you to your Amazon orders review page.

BestBooksActivity.com/Review50

Thanks for your fidelity and enjoy the Game!

Delta Classics Team

Puzzle 1

```
S  M  S  E  Z  G  P  E  L  W  M  P  M  I  H
I  N  A  C  U  W  Q  V  X  V  A  R  A  Z  J
B  A  R  L  T  C  A  I  L  B  T  O  L  L  B
W  E  E  X  G  K  G  T  G  J  U  V  D  S  K
O  R  V  J  I  R  N  I  T  T  R  I  O  N  J
N  D  U  Z  C  S  A  U  O  V  A  Z  R  G  L
I  R  I  K  A  X  R  N  O  U  N  O  M  E  P
K  F  I  K  B  V  T  S  D  Z  C  J  O  E  N
O  F  O  E  K  Z  L  E  J  A  C  N  L  D  D
K  L  T  N  O  N  A  F  N  I  J  K  U  Z  J
B  F  K  P  O  T  E  N  C  O  N  N  N  I  G
S  E  N  C  O  I  S  R  E  V  D  C  M  Ĝ  A
X  N  U  Ĝ  E  N  T  I  L  A  G  R  H  O  X
G  E  P  Z  D  I  K  I  Y  I  W  S  S  H  G
```

PROVIZOJN	GEEDZIĜO
ALTRANGA	POTENCON
AKIRI	EVITI
SENCO	ENE
VERA	FIZIKA
BLOKAS	NULO
MALDORMO	MALGRANDAJN
KOKINO	PUNKTO
ĜENTILA	MATURAN
VERSIO	INFANON

Puzzle 2

```
W C B D B F J F H D F F E B L
K N A B O M O L A I R E T A M
V K G V V U K R Q N S I S W Z
O R V Q H Z I E T P N M H Y I
S E W F K E Z V P O S K E L I
T S K J J O U Ŝ A B L O N O N
O K W N T T M E R K R E D O
I O M D T A P O L I C O S I K
R D U B N N L C J E D G O S X
K O M E N C I E D O S T N W O
E L E K T R A T N D D Y O M A
K A B C I Z O L E T O H A W I
M A L S U P R A J N O R F I N
N V F J R F K U N A T G O X M
```

MUZEO
KRESKO
OSTO
KNABO
KRIO
POLICO
MATERIALO
FORTO
KOMENCI
ŜABLONON

HOTELO
MUZIKO
TALENTO
MALSUPRAJN
ALTECO
ELEKTRA
TRAMO
ILEKSO
SONO
MERKREDO

Puzzle 3

```
Ĉ  T  C  B  W  E  Z  U  S  E  G  Y  C  S  C
M  E  G  A  F  H  N  S  Y  A  D  X  R  Y  I
F  E  V  X  F  I  A  T  N  A  R  I  K  A  V
L  V  M  A  N  A  C  I  O  N  K  E  O  M  I
M  I  I  H  L  X  U  U  C  M  G  Z  L  P  L
A  D  L  E  Z  O  N  A  P  E  Z  F  O  O  A
K  E  I  U  I  C  X  H  V  H  A  P  R  N  K
T  N  O  E  S  I  N  E  V  J  Y  Y  O  I  C
U  T  N  P  J  V  S  T  N  Q  O  F  F  R  J
A  A  O  G  L  O  U  J  V  R  E  T  N  I  E
L  J  J  A  L  K  Z  N  O  S  S  T  G  V  R
E  K  A  N  F  U  P  H  P  R  O  F  I  T  O
F  M  R  S  K  K  V  E  R  K  I  S  T  O  W
S  A  L  U  T  O  N  G  O  L  F  E  T  O  E
```

CIVILA	VENIS
MILIONOJ	AKTUALE
VIRINO	GOLFETO
VICO	EVIDENTAJ
KOLORO	NACIO
ĈEVALO	INTERVJUO
VERKISTO	KOLERA
PANO	SALUTON
PROFITO	AKIRANTA
KUKO	HORO

Puzzle 4

```
N P L A S T O L J Q V G W O P
E W K O M P L I K A E F J O R
N N A O D N U L T P N B M B I
I I R C Y H R B O C A N O D S
U I O F I C I S T O S G A A K
P D O L O R A N D E B G H L R
A N Y F G P O Q Y P M M O L I
P M H D V S S A G I N E S O B
B R C O E I E S I Y K M P G I
Z E E R T I K J G T L J U A Z
C N D S A B C O O D A T E Ĉ A
I A M W K C I S P J R U K X K
Y A P T O A O Y B X A Y A N G
P O N E O G Ŭ I N S P I R I S
```

INSPIRI   PIRO
SENIGAS   ADRESON
DOLORA   MEM
PLASTO   NENIU
PONEO   OFICISTO
KLARA   KOMPLIKA
PRESKAŬ   LUNDO
VENAS   PRISKRIBI
ALLOGA   DONACO
SEKCIO   AĈETADO

Puzzle 5

```
K Q V C P D Q A N K A C H R E
A W J B R I F K W O D A H S B
Ŝ T X M I S F I P N L Y X I L
T C K P M T M I B D Q E Y E E
A F I R A R X Z U I R W R J A
N H L O R I G K H Ĉ P R F O R
O E C V A B B B O O N P A O Ĝ
J R Y U O T N Q A S A T F E N
R S S Z E I T U N U O S I A N
H K A D A R G Ŭ A L O Y R M T
F F E S P L O R O P P V I I O
B O T E L O J A M A R D T L A
D R A T O D S I N B M S K I G
B E Z O N A S D Z P X P E O R
```

ESPLORO   BEZONAS
DISTRIBUI   ORELO
KONDIĈO   LAŬGRADA
KAŜTANOJ   FAMILIO
EKTIRITA   SHADOW
EBLE   BOTELOJ
ARĜENTO   PROVU
IMPOSTO   FAZO
DRATO   UNUO
DRAMA   PRIMARA

Puzzle 6

```
R  I  N  E  O  X  Q  H  J  A  T  L  U  M  R
L  P  I  M  L  T  V  A  W  Ĝ  G  O  C  B  Y
P  M  K  S  S  E  Ĉ  B  S  E  V  B  B  A  S
C  N  I  K  L  I  F  F  O  R  U  L  O  T  Z
O  O  T  L  R  G  T  A  P  J  K  O  C  I  K
P  T  K  B  C  I  M  I  N  M  O  N  E  R  O
O  A  A  K  F  T  E  R  Y  T  Q  L  D  E  Ĝ
L  L  R  V  B  S  V  I  R  O  O  P  E  F  E
A  I  P  O  G  U  Y  J  B  Z  N  B  K  E  S
G  R  H  K  L  Ĝ  Q  I  L  Ŭ  E  D  L  R  N
B  M  W  I  W  U  I  I  N  A  N  P  I  P  L
M  I  S  T  E  R  O  J  Z  P  E  Y  V  G  T
D  F  H  U  E  T  E  N  D  I  V  O  O  P  E
Z  T  Y  B  D  E  N  T  O  B  R  O  S  O  W
```

ETENDI
MULTAJ
RIĈAJ
MONERO
VIRO
BUTIKO
PREFERITA
GALOPO
RILATO
VENENO

ĜUSTIGI
REĜA
DEKLIVO
PRAKTIKI
ELEFANTO
MISTEROJ
DENTOBROSO
PAŬZO
SEĜO
PAROLU

Puzzle 7

```
M O V I F K A H G R O K O B D
V N A A O T A R G I N U N E I
U H P C N Q G L J L N L E E M
G S I E D G K Z K N Y I T B P
I B I K R J I I M U V E R P L
N R F S W T L N I I L Q U B I
O Ĝ U J S O P G N K N I K I C
P R V E N M A I U U F Q L J A
S Z G U I U A B T P X V X O S
I I X K Z K C R O R M A T D T
D P G H M U Q O J D S L Q R U
P L U V O K V A N T O O D I F
A L K X N E C L I L O R C B P
I I F K A R I B U O G O S I I
```

JUĜO	KURTENO
KUKUMO	DIGESTI
MINUTOJ	ROKO
MOVI	ZINGIBRO
KALKULILO	ILO
KARIBUO	KIU
BIRDOJ	PLUVOKVANTO
VALORO	PLI
NIGRA	ORIENTA
IMPLICAS	DISPONIGU

Puzzle 8

```
R A A F N A E P V X I M W I Z
L M J A T L U M L A M P W E T
E F X N P P R W I E D V I R A
T U T A N O E I M A N K S E Z
S U Z M E R G T K I H U L P E
O Z G D O T U D N O K S M M P
P A C A K I P O R T N U U A S
I Z A T S F W Z D X A T F D J
K F M I P L A N K O R X R N G
F V U C O L O S I G N O N A M
T S Z Ĉ A S A D O N J O E Q Ŭ
P N A G I N C I D E N T O S J
P R O B A B L E P R O C E D O
A B G G I G P L G F B P B U A
```

ĈASADO
VIRA
AMUZA
PROBABLE
PACA
PLENUMAJ
POSTE
ALPORTI
TUTAN
MALMULTAJ

MIL
COLO
PLANKO
TROPIKA
KONDUTO
SIGNO
KONTRAŬ
PEREI
PROCEDO
INCIDENTO

Puzzle 9

```
S  M  S  F  S  C  X  S  A  P  T  W  E  V  X
U  L  E  U  N  W  R  L  M  A  Z  U  R  Z  L
B  G  P  D  O  X  G  W  R  C  S  W  L  R  R
S  E  S  D  I  O  Q  T  K  V  A  R  X  O  V
T  V  T  P  R  A  S  B  A  L  O  N  O  N  B
A  K  K  A  W  I  U  B  I  R  T  N  O  K  Q
N  F  R  L  D  B  K  F  K  P  G  L  A  S  O
T  E  M  E  K  N  A  D  O  H  Y  P  C  O  G
I  S  U  B  T  E  N  I  N  O  A  L  L  G  R
V  V  I  Z  I  O  N  D  V  N  A  A  A  I  O
O  K  E  Ĉ  S  E  G  G  I  C  J  T  F  M  Z
B  A  N  A  N  O  U  W  N  Q  D  A  R  I  R
O  D  N  K  G  X  H  O  K  U  S  U  B  L  M
T  R  A  N  Ĉ  I  L  O  I  B  X  T  A  C  X
```

GLASO	ERARO
SUKO	RUZA
BALONON	SUBSTANTIVO
DANKEME	KONTRIBUI
LIMIGOS	TRANĈILO
VIZION	KONVINKI
ZORGO	PLATA
MEDIA	BANANO
KVAR	DISTRA
SUBTENI	ĈEKO

Puzzle 10

```
P  P  W  S  S  R  O  F  X  A  T  L  U  T  S
T  P  T  P  Z  T  L  G  M  J  D  X  P  I  F
U  L  X  F  X  M  I  E  A  K  L  N  F  J  F
B  B  I  E  N  O  R  D  I  P  L  O  M  O  N
O  Ĝ  E  L  W  U  A  L  N  L  M  R  U  Ĝ  F
N  I  K  M  T  B  B  O  E  G  A  B  D  I  R
B  Q  J  N  N  D  I  I  A  H  K  E  H  G  A
N  A  E  A  G  K  Ĝ  A  G  A  S  F  U  A  G
D  V  E  L  F  M  N  O  K  N  I  W  D  T  O
A  O  Z  B  S  L  A  N  D  S  M  Z  M  H  N
W  O  O  Y  H  C  R  N  X  E  U  B  A  R  W
L  F  T  B  Q  J  A  W  T  R  M  B  J  R  M
G  T  R  U  N  K  O  M  J  O  O  P  O  I  Y
M  A  L  A  M  I  K  A  J  N  K  I  S  O  P
```

STULTA
MAJO
AVENTUREMA
MAKSIMUMO
KION
KISO
TAGIĜO
BIENO
TUBON
ANSERO

MALAMIKAJN
AGO
FOR
BARILO
DIPLOMON
TRUNKO
LEĜO
FEBRO
ARANĜI
FRAGON

Puzzle 11

```
B R K U F I J A T L A L A M
C L I D W O K K D Q J C C L O
A O U F S I D O G A E R K I M
P Z O Z T R J L S K F O O B A
M A N I O R V O K L A M H E L
E N L C D R N Z I N O M A L S
Y O P E A G A C J D K T V O A
P D T L L Q O S P D D D E D N
N I A O P F G E O U E R B A A
S K Ĉ I E P T S R L K A L T P
E O I P Y B A G R G G E A S V
I K X E O Q Z T D A Ŭ R O E R
S E N C E L A Y K I M N Z R H
K L A S Ĉ A M B R O E Q U W F
```

MALKOVRO   SES
KOKIDON   SENCELA
GLOSARO   LOKA
HAVEBLA   MALSANA
OKDEK   BLUZO
KLASĈAMBRO   RESTADO
CELO   PLADO
POLITIKA   REAGO
LIBELO   ĈIE
DAŬRO   MALALTA

Puzzle 12

```
M X I J P I U L X U G T E T I
E A T E N T O N O N N H U N R
B J O W F K A W F Q I O T A K
L Y H D Y T C W A M X E K W M
O C E D I P A R R E R V V Q T
J S L U T L G G G N A C A M X
O I I O I G E T A R T S D A D
L A M P N O I C R O P T R N M
U V O F I C I B A R L Y A I J
T I N R M A N P P O Q I T E P
A C A C X N N B K Q K I A R L
M E D N Y I D O K N I L J O E
L Q O P P R K I N A N O B V J
K Z N E H E P R O T E K T I W
```

PORCION   PLEJ
MEBLOJ   MANIERO
BONAN   PARAGRAFO
KATO   LOKO
STRATEGIO   RAPIDECO
LINKO   ULOJ
ERINACO   KVADRATAJ
INTERNACIA   PROTEKTI
LIMONADON   SIAVICE
ATENTON   PIANON

Puzzle 13

```
L A R Ĝ A A N A N A S O N B P
X P O V Y S A P G D M I Y I N
L E T E R P O R T I S T O L K
T H Y X G D K Z E D L V K D T
U R O N R E V A K R S W R O D
K E T R E P X E R E F O R M O
O Z N T A P Z J K P E E W A W
A E D J J R E Q P S I N E T S
Ŭ R L Z Q O O D Q T C E T S L
T V K O R V O K E Z E I Y A I
U O V O J A Ĝ O C K M H T V P
N S B N O L I M R A Z Q I I O
O Y W Y F C H H G L B O C G S
A L P R O K S I M I G A S G D
```

KORVO
VOJAĜO
REFORMO
ANANASO
SLIPO
TENIS
LETERPORTISTO
BILDO
TUKO
KAVERNO

ARMILON
IMAGI
VASTA
AŬTUNO
EKSCITIS
ALPROKSIMIGAS
HORARO
LARĜA
PERDI
REZERVO

Puzzle 14

```
Y  Y  O  L  M  A  L  P  E  R  M  E  S  I  Z
M  O  Ŝ  I  P  A  T  B  U  U  C  R  I  C  A
I  A  X  G  K  V  Q  D  C  N  F  C  V  W  V
Y  P  N  I  G  H  J  A  N  X  Z  G  A  B  Q
N  Y  M  T  J  O  N  O  P  E  C  F  H  W  M
M  F  H  G  E  C  F  O  L  A  G  E  R  J  J
N  U  T  R  U  L  T  K  N  R  A  P  I  D  A
P  K  V  C  D  P  O  K  V  O  I  R  E  S  N
R  E  D  A  K  T  I  S  K  A  T  L  A  C  E
F  D  K  A  N  D  I  D  A  T  O  S  S  U  R
B  R  M  I  K  S  I  B  V  U  K  I  A  S  R
S  A  C  E  N  T  R  O  Z  U  A  G  J  B  I
T  V  H  A  E  D  R  E  L  E  P  Q  F  N  K
J  K  L  A  V  B  U  T  I  K  O  B  O  B  U
```

NUTRU
RAPIDA
BASTONON
KVARDEK
SERIO
TAKSI
MIKSI
CENTRO
TAPIŜO
HAVIS

REDAKTI
MANTELO
LIGI
CEPON
SUR
LUKSA
REGALO
MALPERMESI
KANDIDATO
LAVBUTIKO

Puzzle 15

```
S  L  D  H  N  E  M  A  T  V  B  L  Q  F  Y
U  X  C  J  P  P  V  O  L  I  D  A  I  V  A
N  C  U  A  O  O  M  O  G  E  L  B  U  C  J
O  I  Y  C  C  L  I  A  X  A  A  O  J  A  K
K  S  N  R  P  I  A  K  I  T  I  R  K  I  V
M  A  X  O  Y  T  T  G  E  I  T  P  S  R  O
Ŝ  V  D  M  W  U  I  R  V  M  A  O  U  I  R
Q  A  C  P  W  P  Ŝ  T  O  O  R  S  H  S  G
Z  Q  S  I  U  M  R  M  G  N  K  T  A  M  A
X  R  L  S  E  O  E  N  T  H  O  E  Z  L  N
I  A  K  M  Z  K  V  E  J  K  M  N  A  D  I
E  V  O  L  U  I  G  I  G  W  E  O  R  Y  Z
K  O  M  U  N  I  K  I  G  P  D  H  D  I  I
P  R  O  F  E  S  O  R  O  X  A  Q  A  A  T
```

HAZARDA	IRIS
PROFESORO	DEMOKRATIA
SUNO	EVOLUIGI
KOMUNIKI	LEGOMO
ROMPIS	KOMPUTILO
LABORPOSTENO	NOMITA
KIUJN	CITRONO
TAMEN	ORGANIZI
VERŜITA	KRITIKA
AVIADILO	ŜANCO

Puzzle 16

```
X  L  V  I  D  I  T  A  J  B  O  S  G  L  V
E  B  P  A  R  Y  A  B  U  Ĝ  R  E  R  Q  E
D  R  P  W  K  S  G  E  A  X  P  N  A  Z  S
N  C  V  A  E  A  Z  M  V  B  I  S  N  G  P
K  P  Z  C  Y  Z  O  C  J  D  P  E  D  O  E
L  O  K  I  V  R  E  S  N  O  K  N  E  N  R
W  U  S  E  F  E  L  A  T  E  D  C  G  O  M
S  X  I  T  I  T  B  F  F  W  S  A  A  F  A
B  E  D  R  O  N  J  A  R  E  T  S  K  E  N
E  A  N  O  B  I  T  E  Ĉ  A  A  A  A  L  Ĝ
L  V  A  F  Y  R  Q  E  A  Q  E  P  S  E  O
L  U  M  R  E  E  T  I  T  I  C  N  I  T  P
F  T  E  Y  K  P  H  M  A  L  T  R  A  F  I
O  Y  D  H  J  A  L  B  E  T  R  O  P  X  Z
```

KOSTO
PORTEBLAJ
VIDITA
APERI
INTER
SUKCESA
VESPERMANĜO
FROMAĜO
FORTE
EKSTERAJN

GRANDEGA
INCITITE
DEMANDIS
KONSERVI
DETALE
PIPRO
TELEFONO
AĈETI
MALTRAFI
SENSENCA

Puzzle 17

```
V E F W J A E K P D Q F T Y J
E F L A E Z P M T E Q Y U S P
S E A K G X T H U G C D R E L
P P V A R I A B L O J O K K Q
E N O C E T L A I N C K B R L
R A T S I L O X A U A I Z E U
T J R B T N L G W L D L E T C
O N O H G C O U V D Z E L A I
X T K I B A R L M D D H E R É
B T S J O D A L P O V O K I R
Y N E Q J R P P X M D G T O N
I A J G A E L N S B Y C U Q A
S U N A S V E K O R B O K J G
A P A R T E N A S D A N C O A
```

KORTO	PECO
KORBO	VERDA
BOJAS	LUCIÉRNAGA
SUNA	PLADOJ
ALTECON	POST
HELIKO	APARTENAS
SEKRETARIO	VESPERTO
INSIGNO	LUNO
ELEKTU	DANCO
VARIABLO	ELPAROLO

Puzzle 18

```
O N O M E N A H V O I X A S L
R B V W I L Y L T L U P A I Z
I D E W B W X A F I O R R Ŝ Y
L U S A I C K N U F I H U U S
A H P J O P M F F D C V R P U
S A C C N P D M L N K B E E R
K E L N E T Y M E Q N R T L E
T R A K T A T O K K U O S N L
K X O C B P B M S O F B R T S
D P Y J U Y N E E M Ĉ O R C T
N X O A S K I T B P I W V O A
R E S T I E N S L A U G O T R
R E Z U L T O I A R G L U O A
U T W Z U W D S Z U N N M S K
```

ELSTARA
RESTI
FUNKCIAS
SISTEMO
FUNKCIO
SUBTENO
GLUO
KAPABLA
ROBO
FLEKSEBLA

TRAKTATO
ALIRO
REZULTO
LEVI
DIRAS
PUŜIS
ANEMONO
KOMPARU
TERURA
ĈIU

Puzzle 19

```
P P A G E N T O J P P C T N I
R V E Z U D N M N A Ŭ A T N A
O O B R U M J E H R O B Y R C
D A Y S I N E R P O G A L F B
U I S I H O D G W L N O D A Y
K Q B C N B D A Z A M B L E R
T S H S F F G O K S K T I S B
O T L G R D A T I G I T L A H
G Y O G I T S N I Q H Z N V V
V A M P I R O U O E N A R A I
Q F I L O J F X K R B M N H Z
P R A K T I K A S E C Z N N A
L I Q I C M W S M O R X W Q Ĝ
M A L M O L A V K X S O N K O
```

PRENIS
PRODUKTO
INSTIGO
MALMOLA
VIZAĜO
PAROLAS
ANTAŬAN
PRAKTIKAS
HAVAS
INFANO

PERIODO
NODA
AGENTO
VAMPIRO
ARANEO
FLAGO
SUKERO
FILO
HALTIGITA
HEJMURBO

Puzzle 20

```
B C L Q M W M H I A S E S G Ĝ
I R I J F F S Y T F A N A L E
C M D O J R V I O Q V X S I N
I R D O S D G R D D E W E T A
K K T C M I D Q Ŭ C C W Ĉ V S
L J O V L O S L A G I C H E A
O X V U N S T R I O R D U T U
O N R A G O X R I N G O M U R
K B S F L O S I L O S T I R T
M B T E G L A M O Z I S L I E
E N O R B I L N A M J E A L D
D E N S A N D M H P G N P O C
W P B F M E M W R B J K P N V
S L J I Z T X K C J U M X Y O
```

BICIKLO
STRIO
DOMO
RICEVAS
FORDONAS
HUMILA
AŬDO
DETRUAS
GLITVETURILON
SOLVO

ĜENAS
DENSA
NESTO
TENILO
SESA
RINGO
FLOSILO
BRULIGITA
MANLIBRON
ĈESAS

Puzzle 21

```
M A M B I C I O P C W M W S U
U N P A S I G I S Y E R F I D
L E A N T A Ŭ D I R I N Y Z F
T L E C I O N O O O K A T I B
I P R M H X R Ĝ O B A C D R J
P J J N I X A A K J P E Y P A
L L F Y Y L I P V E T D B R R
I C N P H L I R O K A E U U G
K I C O G E N A L T Ĵ N S S U
O N U A H W C N I O O O V J B
G L F K N Z Y T S N R T T X Z
F H G A Z A K U I J E D M O D
R S J K L U D I T N P V Y R C
O H P I E D O J N V A L O N Q
```

FLUO
PASIGIS
NEGOCI
AMBICIO
MULTIPLIKO
ANTAŬDIRI
ILIA
APERO
CENTRA
PAĜO

OBJEKTO
KAKAO
KAPTAĴO
LUDI
NEDECAN
VOLIS
PLENA
PIEDOJN
LECIONO
SURPRIZIS

Puzzle 22

```
S  T  I  P  A  J  K  U  O  Q  E  Z  M  L  P
N  T  B  E  Y  M  X  Z  Ĝ  Z  V  B  O  U  Y
M  Y  Ř  A  N  K  O  R  A  Ŭ  I  C  N  Z  K
O  Ĉ  N  A  M  I  D  Y  L  V  N  O  I  Y  P
A  K  M  M  T  B  I  N  I  O  N  T  T  O  L
O  F  Z  S  K  O  I  C  V  A  F  R  O  Z  W
O  N  O  I  G  E  R  U  G  A  O  O  R  L  B
P  R  E  Ĝ  E  J  O  A  B  I  I  V  O  S  O
Z  L  O  H  K  O  R  O  L  K  L  O  F  L  N
K  S  I  B  V  U  P  C  P  R  I  W  D  U  E
L  A  S  T  A  T  E  M  P  A  P  K  L  D  K
Q  G  T  M  G  U  X  F  Y  Y  A  D  O  E  P
T  E  M  P  O  J  O  C  N  E  P  I  D  M  T
D  O  R  L  O  T  B  E  S  T  O  J  N  A  B
```

MONITORO	TIPA
VORTO	PAPILIO
DORLOTBESTOJN	STRATO
TEMPO	LASTATEMPA
KIEL	FOLKLORO
BONE	LUDEMA
ANKORAŬ	DIMANĈO
PENCOJ	VIN
URAGANO	VILAĜO
PREĜEJO	REGIONO

Puzzle 23

```
E M U D K H U A H P Z G Q E P
B A D B E V L E Y B K U N D U
M L P M A X O N O E L C S W B
S A X Q Q N J U I T B O U S L
P P O M I T K I V F S S P E I
E E H B S I L O T S U G R N K
R R Z Q S B C C Z A E Q E D A
T O E J I V U D S I Q R Q E C
A S U U D D E T E B A Q Z P N
R I M A R K A S C L M M X E E
L C O R A P U T Ŝ X F X I N S
B I N M G I G N O R I E K D E
N J O T I M O L P I D X N A X
F T H I R O M E M U G W O O B
```

DIPLOMITO
MEMORI
RIGARDIS
TIUJN
ESENCA
DELFENO
MALAPEROS
IGNORI
VIKTIMO
SENDEPENDA

GUSTO
RIMARKAS
PUBLIKA
SUPRE
LEONO
MAIZO
BANKO
ULO
SPERTA
ŜTUPARO

Puzzle 24

```
M A L F A C I L A H X K A Q C
I T U K E S R E P C S T A S B
O U U G K K J I F S R M M V R
Y R T S G K Z V E O F E E Z A
R A K E T O K F P G I T S C S
J N U O J N I S D A Ŝ O E R E
Ĉ O K O L A D O C T K D R W C
V I R O J S I R B M A O G V E
P X I U A L C H Y Q P I A Q N
A J A P R A E G I R T S I D H
X T I V L M D K O R A B J A N
H L R E K O R D O N D V G S D
T E R M I N O W Z W O E Y C J
B A E R L P T T Ŝ T A L O M K
```

SPORTA	VIROJ
AGRESEMA	METODO
KAVA	MALFACILA
NECESA	FIŜKAPTADO
NAJBARO	PERSEKUTI
ŜTALO	REKORDON
TAGO	MALSANO
TERMINO	DECIDI
RAKETO	PIZOJ
ĈOKOLADO	DISTRI

Puzzle 25

```
J  U  Ĝ  I  S  T  O  N  F  Z  Y  N  Y  U  W
Q  M  R  L  R  H  O  T  O  T  I  L  K  P  I
K  G  H  C  O  O  L  Z  R  Ŝ  A  N  R  F  S
P  T  S  T  I  G  A  B  N  W  A  S  G  G  Y
V  E  A  P  B  I  T  P  O  D  A  F  L  G  D
Z  A  P  G  A  K  I  Q  R  R  A  Z  I  U  F
Z  X  Z  H  Z  I  P  P  B  E  A  T  Y  D  R
O  A  T  S  A  L  S  J  M  F  W  S  F  J  O
L  N  C  M  T  B  O  L  O  P  Ŭ  A  R  D  C
A  U  K  C  I  U  H  Z  N  O  K  T  K  R  U
S  R  E  L  M  P  C  J  Z  T  C  B  T  I  R
H  B  R  S  I  I  I  Z  E  P  S  L  E  H  K
P  E  Z  A  S  N  R  G  M  Z  Z  V  M  P  U
U  E  W  W  O  F  O  T  R  E  M  A  N  T  A
```

BAZA
HOSPITALO
PEZAS
FAKTE
PUBLIKIGO
ELSPEZI
JUĜISTON
KRUCO
ŜAFIDO
FORNO

MEZNOMBRO
BRUNA
TREMANTA
LITO
SALO
ADOPTI
LASTA
IMITA
RAŬPO
ONKLINO

Puzzle 26

```
K P X L O R R V Ĝ T T G U H M
Ŭ A T A T S N A A R I R U E A
Z R J Q C N Z X R A M P M Z L
W E N E M S U G D N E A M I F
Z P P E R C Q O E Ĉ M Q I T R
Y S X Z O O N D N O A G N U U
H E V T C G J U O M I R K I E
Z V S B I R O L J D N H O Z X
X I L C N I R K N D F Q I Q E
L W R Q I O A N O D N A M E D
D I I E F Q H O Ĵ A R T N E P
A R C F I A K K E N U I G I S
E T S P D B E D A Ŭ R A S X Z
V E N D I S T O P M A K S B E
```

ĜARDENOJN   KAMPO
KONKLUDO   KAJERO
TIMEMA   DEMANDON
PENTRAĴO   ANSTATAŬ
KRIMO   TRANĈO
VENDISTO   ENUIGIS
MALFRUE   VESPERA
LISTO   HAROJN
CIGNO   HEZITU
DIFINI   BEDAŬRAS

Puzzle 27

```
T  Z  U  U  V  K  L  R  E  W  W  F  G  L  K
R  P  A  K  X  A  F  I  N  G  I  S  J  Y  A
A  A  L  A  J  J  H  S  T  I  T  I  M  I  N
F  Q  R  N  O  T  S  K  X  B  P  N  P  B  D
I  N  X  X  F  O  L  E  Ĉ  U  T  D  O  P  E
A  J  V  F  C  G  O  P  R  U  B  I  R  A  L
K  O  N  T  R  O  L  I  T  A  O  V  D  R  O
G  Ĵ  A  A  M  M  Y  P  M  Ĝ  C  I  E  D  R
C  A  F  Ŭ  U  Z  R  I  A  D  U  D  G  O  E
J  R  A  K  D  Z  Y  S  N  Z  D  U  O  N  T
E  T  L  H  K  I  E  E  O  J  Ĉ  A  P  I  E
E  U  O  L  E  B  S  A  T  M  M  A  K  K  C
O  N  S  R  D  O  R  S  O  L  L  V  R  D  Z
K  U  N  E  P  O  P  U  L  A  R  A  U  O  J
```

FALOS
KANDELO
KONTROLITA
INDIVIDUA
POPULARA
PARDONI
AŬDIS
PAĈJO
DORSO
NUTRAĴOJN

KUNE
KAJTO
PORDEGO
IMITI
SAĜO
CETERO
ĈARO
TRAFI
SIGNIFA
ĈELO

Puzzle 28

```
D Ĉ N O M E L B O R P O F V M
J F E F K W J Ĵ E A F L L H A
W P H R T W A E O D X R A R L
X I E U I L E Ŝ R M J Z N X S
A N L J A Z U I U I N R K I I
P O O E D M O K T N S E O L M
A T R W V N T B K I I N D E I
R O M I A N S F A S Z E U R L
T J V N B A E H R T O P T N A
E K S M R N K F F R K R S E J
D A N K A S R B A A W A L J S
V I D R A G I R D D T H O O B
E J E I B E T P O O T S K E T
C N E R E G U L A K I D L A M
```

ADMINISTRADO

MUŜO

TEKSTO

MALDIKA

STUDO

LERNEJO

TIRKESTO

SHARPENER

PROBLEMON

MALSIMILAJ

MIAN

APARTE

ĈERIZO

DANKAS

REALAĴO

NOTO

FRAKTURO

NEREGULA

FLANKO

RIGARDI

Puzzle 29

```
M A L S U K C E S O S Z D W O
R E G A D O B T A E P Z F C P
T G E P T O H F L U L L E Ĉ E
S I O A I F O O B N L D P I N
J N M J Z I S L M F N O I U S
E I V A O C C A U A J Y C J I
S F W I S I I M R O Q S E A S
E G N M S R V G G U M H R R M
P I M U E O O Z E C O R P E A
L S U R M A L K U R A N T E Ŝ
N E M E A H A M U R J K C F I
B P I T J I M S N S F J L A N
K A O I N U R A K F U T O H O
G V G L O X K V C N L W V L N
```

TIMAS
MALOFTE
PENSIS
LITERUMI
KURANTE
SCIVOLA
MALSUKCESOS
LINIO
MAŜINON
GRUMBLAS

OFICIRO
GRANDECO
PRECIPE
SEMAJNO
REGADO
SEPA
MUMIO
ĈIUJARE
PROCEZO
FINI

Puzzle 30

```
V W Q C Y M A I W P E L N S Y
E B F S P M Z I O R T I P A Ĉ
T N B T N Q O R K O B B O Ĉ U
Q R V O E N I T A K P E I I Q
O F I Y M G R S L R O R Q D M
Q L K Z I Q E W K A M E T E E
Y A Y R O X S D U S A C F D R
N J Ŭ N K R I N L T M O I E K
F A P O S E U G I U O T E I A
D R I Ŝ A P X G P N R S R M T
Z E U D T U T C I X O E A Q O
I A W U E H P T R F Y B M V H
B L X L T E M P E R A T U R O
H A K O L O N I A N O J N Z C
```

TINEO
DEDIĈAS
AMORO
FIGURO
ĈAPITRO
DAŬRIGI
KOLONIANOJ
RIZO
TASKO
MERKATO

PAŜI
SERIOZA
IAM
BESTO
FIERA
TEMPERATURO
PROKRASTU
REALA
KALKULI
LIBERECO

Puzzle 31

```
M F O X I N I B M O K F K W T
A L N M K U I R I L O A Q J U
R O A Y E C Z G R Z P J S T S
K R Ĉ S Y M O K T P M R K T U
I O L S U F I Ĉ A T E O R I K
L J O S K X X S K R T R U N O
O K D K O N Y R K V O B R S R
A Ŭ T O R O A R O O B V O U I
K V A L I T O B G M R A J L D
F A M I L I O J I J E P I O O
C X T F H K J O S N V B E U R
H R C Z X M X N E K O E M R A
I V G L T B X R Ĉ G T J X T N
G L S W O R T O G R A F I O N
```

KOMBINI
FAJRO
MARKILO
KORIDORAN
KUIRILO
INSULO
KRUROJ
KNABINOJ
ARMEO
PROKSIME

DOLĈAN
ORTOGRAFION
AMI
ĈESIGO
AŬTORO
FAMILIOJ
FLOROJ
KVALITO
SUFIĈA
VERBOTEMPO

Puzzle 32

```
M F A V M F V T C L D K S H F
B I K Q Z R D R O A I P U O E
U C G L W U Y A M R R R P R L
B O M R O K Q N P M E E O O I
A R F M I T E S L O K N B J Ĉ
L O E D W O I P I Ĝ T I U M A
O T Q G R S T O M O O T C J S
E K V Z A V X R E L N A F C K
Y E C L T N W T N R Y Q O O E
Q R P M I E T O T O E N R N L
B I R I T O K O A H P B M K E
D D N R E J T S R Y F U O L T
A S H B Ĉ Y Q R Y N H J P O O
S F E S A T U D N O K G R F N
```

SUPO
HORLOĜO
BUBALO
DIREKTORO
FRUKTO
PUPON
COMPLIMENTARY
MIGRI
REGANTO
TRANSPORTO

SKELETON
FORMO
AĈETITA
PRENITA
KONDUTAS
LARMO
HOROJ
ONKLO
FELIĈA
DIREKTON

Puzzle 33

```
E T V D Q P E O T E K N E S S
W K V Q C D H R W U O C Q S P
Y M S A T S E U Y N B C Ĉ J O
I R A P E R P T W J O I A V N
Ŝ A W P E Q L A B Z L P P R G
P T O L O R T N O K G C O R O
M R O P R U I S A L R O F I N
O E K R M I R M Y Y E N Y G X
V Z A O M G S U E A T O G I T
O E T B R O E K G N T D U D U
N D A G V X A F O Z T Ĉ R A B
B I C I K L A D O I G O C N N
T R A N K V I L E C E V A G O
D K Y U C K O L I Z I I A V J
```

ENKETO	SPONGON
ATAKO	KONTROLO
DEZERTA	NATURO
MOVON	TERGLOBO
FORLASI	PREPARI
ESTAS	TRANKVILE
RIGIDA	RISKO
ŜTORMO	ĈAPO
BICIKLADO	KOLIZII
VOĈDONO	EKSPERIMENTO

Puzzle 34

```
S  H  B  P  L  E  N  K  R  E  S  K  A  N  Z
E  A  S  U  D  C  J  Q  K  S  F  U  Z  K  G
N  M  B  T  L  X  A  J  P  U  J  Q  E  I  Ŝ
D  B  H  U  N  K  Z  G  S  B  D  L  P  M  L
I  U  Y  F  T  W  O  O  P  M  A  L  S  D  O
S  R  D  O  I  G  J  T  E  I  U  W  J  S
I  G  O  G  B  W  N  C  N  T  N  M  S  U  I
H  E  Y  Z  O  A  T  L  K  I  R  T  U  P  L
Y  R  F  X  R  M  E  H  P  Ĝ  Q  J  I  O  O
Q  O  T  V  O  H  R  D  X  I  Z  M  Ĝ  Y  N
D  Q  S  M  T  B  N  O  D  A  T  N  A  K  O
V  I  D  O  K  K  A  K  D  S  A  I  U  J  B
O  T  E  Ĉ  A  G  N  O  L  M  C  L  E  E  N
X  V  U  D  F  S  U  R  P  R  I  Z  O  X  P
```

LONGA	LAMPO
HAMBURGERO	ŜLOSILON
VIDO	SURPRIZO
PUTRI	SENDIS
FAKTORO	MANĜO
DORMO	AĈETO
PLENKRESKAN	SUBMETIĜI
PEZA	BULKOJN
AJN	INTERNAN
IUJ	KANTADO

Puzzle 35

```
G  O  S  W  R  D  H  U  H  F  Q  X  B  S  E
X  K  K  C  Z  T  M  B  W  R  O  I  A  A  G
K  I  X  O  Y  B  N  O  O  E  K  A  S  L  U
C  M  O  D  E  S  T  A  J  N  O  Y  T  T  J
N  A  Z  O  Y  A  A  C  P  E  M  D  O  I  Q
C  E  R  T  A  B  T  R  N  Z  P  T  N  T  I
S  S  H  Q  H  R  A  J  I  A  A  B  O  E  L
J  A  T  I  V  O  R  T  F  D  T  Z  H  Y  T
C  E  G  G  S  S  C  X  J  V  O  L  T  B  O
S  U  N  O  K  U  L  V  I  T  R  O  J  L  Q
M  I  N  O  R  I  T  A  T  O  W  L  U  C  A
D  E  Z  I  R  O  P  M  C  E  W  N  Q  L  F
K  A  M  I  O  N  O  A  D  N  U  F  O  R  P
L  A  B  O  R  O  N  F  Z  K  A  N  G  L  A
```

SORBAS	IRAS
AMIKO	NAZO
SUNOKULVITROJ	ANGLA
LABORO	KAMIONO
FRENEZA	TROVITAJ
TENDO	KUNULO
DEZIRO	CERTA
SALTI	KOMPATO
BASTONO	MINORITATO
MODESTAJ	PROFUNDA

Puzzle 36

```
R W D I W F S E K U R E C O S
P Z E D X O N I C I D E M R C
Y T K G D L Z N C K Q X M D I
N E S S O I N I M R E T E D U
U L T A T O Z E M Y R X R T R
Q E R M E O R D I N A R A A O
J F A T B M E Z U M O W P B B
F O W Z R K W Q J Q L D R U R
W N B U U D B G D O J S M R A
Y O Y L E K S T E R E N B E P
I N P Y Y B M G F N P N G T R
F A L I G I G I T N E D I O E
K I F L T I G I I C K N U F N
G C N C P D S E X X T P K J O
```

TABURETO
MEZUMO
MEZO
FUNKCIIGI
DEKSTRA
SCIURO
URBETO
FALIGI
SEKURECO
DETERMINI

FOLIO
IDENTIGI
MEDICINO
SENTIS
KULPA
PRENO
ARBO
ORDINARA
TELEFONON
EKSTEREN

Puzzle 37

```
K  U  N  L  A  B  O  R  I  T  P  A  K  R  S
G  R  O  S  U  J  O  A  V  O  N  L  A  M  U
H  F  I  Y  R  T  M  N  K  T  L  L  L  V  P
T  X  X  H  M  K  F  S  S  S  V  E  U  K  O
O  K  A  Z  I  S  A  A  R  I  L  L  M  P  Z
E  Z  Z  X  S  M  V  Ĝ  Z  C  A  U  O  R  I
S  A  V  I  C  G  W  I  A  A  S  Z  P  U  N
W  D  T  G  F  N  T  V  S  R  A  I  Y  N  A
R  S  F  D  F  O  J  E  E  U  S  Ĝ  X  T  E
E  D  O  N  I  T  A  L  R  K  M  O  O  E  H
Q  U  I  A  C  G  J  A  E  W  B  L  R  D  J
F  Z  D  K  B  D  E  N  T  O  J  E  G  O  E
S  I  N  G  A  R  D  E  N  R  T  J  A  N  Z
V  U  O  L  I  G  I  M  I  T  O  D  R  I  B
```

KUNLABORI	PRUNTEDONI
DENTOJ	GROSUJO
ELUZIĜO	KAPTI
KURACISTO	LASAS
VIZITO	MASKO
LEVIĜAS	SINGARDE
ESTIS	BIRDOTIMIGILO
SUPOZI	MALNOVA
OKAZIS	DONITA
INTERESA	LUMO

Puzzle 38

```
E D E S E C H A B L E I S P U
K S M E M O R I G I U L K E G
U E T J P S N Z C K U K I N C
S B T A A J O Ĝ L A M I A T Q
U N R Z B P E R D I S A D R J
F T Ŭ R J L I O E R K L O I M
O A M E A O I G E L I V I R P
K P I N M A L L O N G I G O N
R E L K K V F G N E R D N J D
A R D O N F K E A A O N E Y L
P S A N R G R D F Z E E Ĝ N V
Z O O T A M W B A C U F E X N
P N G I E O X A R R P E R C P
D O F S D E S E G N I D O E V
```

PENTRI
PERSONO
PARTO
PARKO
KIAL
ESTABLI
MALĜOJA
MALLONGIGON
DESECHABLE
MILDA

RENKONTIS
PRIVILEGIO
MEMORIGI
KAŬZAS
SKIADO
PERDIS
NEĜERO
DEFENDI
DESEGNI
RAFANO

Puzzle 39

```
Ĝ  Ĉ  Z  Y  T  S  A  Ĉ  A  L  P  F  X  H  L
J  U  E  C  E  K  U  O  M  J  F  E  E  M  V
X  C  S  M  T  I  Ĝ  N  A  M  S  R  E  D  Z
W  B  S  T  I  I  I  I  S  A  Y  O  R  S  K
V  J  I  F  A  Z  L  V  H  U  A  C  E  E  O
S  K  T  U  O  F  O  O  J  D  B  A  F  K  L
U  P  P  B  E  Z  Z  B  U  P  N  I  E  A  B
S  D  E  K  L  A  R  O  T  R  O  S  R  D  A
O  V  C  P  O  S  T  U  L  I  Z  C  P  O  S
R  E  K  M  A  L  L  A  B  O  R  E  M  A  O
Z  C  A  O  P  E  R  A  C  I  O  J  D  J  J
B  G  L  S  K  R  I  B  O  T  A  B  L  O  N
Y  S  A  N  E  V  L  A  G  R  O  Z  N  E  S
X  E  M  K  R  E  M  O  T  L  C  N  O  J  A
```

POSTULI
OPERACIO
MALAKCEPTI
ĜUSTA
KREMO
DEKLARO
ĈEMIZO
PLAĈAS
PREFERE
SUNSUBIRO

KOLBASOJN
FEROCA
MALLABOREMA
SENZORGA
SORTO
SEKA
MANĜI
SKRIBOTABLO
BOVINO
ALVENAS

Puzzle 40

```
S  O  R  W  T  N  J  S  A  T  N  U  B  I  V
S  R  N  W  H  L  C  R  X  U  L  T  S  A  E
W  Q  V  A  R  I  O  D  N  U  N  I  E  M  T
K  X  E  G  Z  N  Ŝ  T  A  T  A  A  N  A  U
M  O  R  P  I  A  T  I  N  G  I  J  I  Z  R
P  G  D  M  R  C  R  R  I  N  D  N  L  O  A
F  V  I  Q  V  M  S  A  F  A  E  A  U  I  D
X  H  K  V  O  S  R  U  K  R  B  R  Z  R  O
D  A  T  N  K  N  Y  O  P  E  B  K  I  U  R
E  Q  O  Y  L  R  A  U  F  B  H  A  I  F  G
Z  N  N  O  A  X  S  D  E  I  C  B  G  H  N
U  Q  T  Z  M  L  R  I  Y  L  V  E  I  P  I
D  K  N  I  A  T  F  F  M  N  A  O  S  L  F
P  D  Z  M  Q  X  X  W  D  D  C  T  E  T  T
```

MALKOVRI
MONON
MINORA
FINGRO
IAMA
AKRAN
TIAJ
ŜTATA
MALSUPREN
LIBERAN

INUNDO
VERDIKTO
FURIOZA
ATINGI
KURSO
VETURADO
SENILUZIIGIS
BUNTA
FIDU
FINA

Puzzle 41

```
V  B  Q  J  L  T  U  O  D  U  T  S  E  T  U
W  L  N  P  G  U  J  J  A  T  I  R  I  H  D
T  G  C  O  U  L  R  E  S  P  O  N  D  A  S
K  Q  F  Ĉ  J  I  F  B  O  X  L  R  K  G  A
V  M  J  N  E  P  G  R  R  O  L  S  T  Ĝ  I
O  O  T  A  S  O  R  E  T  S  I  M  A  R  V
L  R  E  R  O  N  O  H  L  K  Q  R  A  T  W
F  A  R  B  I  O  R  D  U  B  U  L  S  Z  M
E  L  U  Z  C  Z  E  O  Ŝ  K  K  Q  C  M  T
O  A  R  V  A  E  T  Q  W  E  T  Y  U  O  K
N  A  O  C  L  S  U  Z  D  E  N  Q  S  D  H
H  V  L  B  G  O  B  L  B  D  E  M  F  E  F
H  H  T  L  R  E  Y  Y  Z  S  M  W  J  L  I
E  B  C  O  L  W  L  R  Ŝ  I  A  G  U  O  Q
```

KURAĜA   MORALA
GLACIO   BRANĈO
HERBEJO   JES
ŜIA   LEGI
BUTERO   MODELO
HONORE   RESPONDAS
TULIPO   ŜULTRO
DEKLARI   TERURO
IRITAJ   MISTERO
SEZONO   TESTUDO

Puzzle 42

```
C Y Ĝ I S E O T N A D E S O P
Y T X A T L A M J O S U B V B
L I O P I H V R U A T D B L U
U K J R K O Y V R S R K K O M
E Y D E A V E T R E C O Z P V
B U T T N R O P P I H C J L N
K L A E T P R O D U K T A D O
F S Ŭ R O Ŝ A N Ĝ O F E J F Ĵ
R P G P V I D E B L A T M T A
T K A G G D I R I S B N C P O
H K T Q L U D D E F E N D O R
D O S M S Y V D S Z M F B H E
N I B M A L P L I I G O M C H
K O N K U R A D O H E J I H T
```

PRETER   KONKURADO
TAŬGA   VIDEBLA
REVUO   DIRIS
HEROAĴO   KUDRILO
ĜIS   ALTA
BUSO   CERTE
POSEDANTO   DEFENDO
POLVO   MALPLIIGO
JAROJ   PRODUKTADO
KANTO   ŜANĜO

Puzzle 43

```
N Q L E D A R T I K O L O J N
W X Z K A H C F P Q B B R S Y
M O M O T S I T N E D A K C F
S N J Q U L O T S I R O B A L
A I N K M M U E L I L O C R W
C B G O O M O T O R C I K L O
N M W E J A T I Z U L E L Y D
E O O G L Z N O R E Ĝ N A D W
T K G F Y O L K R I C I A O B
N D E K R F N J O N E T R U K
I N A S K I Ĝ T A G O I S D E
A L T E R N A T I V A V E B Y
A K C I P I T R O R H N A W C
O B N Z M F C O W E L I B U B
```

SIGELON
KOMBINO
DENTISTO
MOTORCIKLO
NASKIĜTAGO
MUELILO
CIRKLO
ELUZITAJ
FACILE
DEK

ARTIKOLOJ
LABORISTO
INVITI
AKCIPITRO
KURTENOJN
DANĜERON
FILMO
ALTERNATIVA
DATUMOJ
INTENCAS

Puzzle 44

```
S T L E A B E L A K Y F P R Y
S O N O R I L O M O S S T E A
R I N O C E R O T L P N B T U
M M B I Y D O A I Z F J O I H
G U Q N M N T L W Z I O M R K
D W X H V I S T O M A K O I O
T E P N R H O B I O K R L I V
S Q N O T N E L I S R A E P R
J X T O O R K M A W E M N Q I
F Ŭ J L V J F L X C S T I I L
A M J Y B E T L A B K Ŝ C R O
E E M A L A N T A Ŭ I O K I U
M R E S U M A S D A G P O S E
L I M O B R I L I L I R K I U
```

KOVRILO
DENOVE
POŜTMARKOJ
KOKCINELO
BRILI
STOMAKO
IRIS
HOBIO
RESUMAS
MEJLO

SILENTO
MALANTAŬ
RINOCERO
LIMO
ALTE
AŬTORITATO
KRESKIGI
SONORILO
RETIRI
ABELA

Puzzle 45

```
P  J  S  F  K  B  N  B  J  M  I  Q  O  I  P
E  A  Y  Y  Q  D  K  R  J  A  Z  I  R  G  A
R  Q  H  D  N  F  X  A  R  J  S  I  N  A  R
L  T  B  O  R  P  U  K  N  U  N  I  I  K  T
A  J  O  Ĵ  A  Ĉ  L  O  D  E  L  K  A  T  I
B  Q  C  R  Ĉ  O  W  N  R  L  K  V  L  O  O
O  T  N  W  I  J  D  P  E  U  I  J  G  R  J
R  K  E  Y  R  W  P  J  Q  R  Y  O  O  O
I  V  T  N  L  S  S  I  T  S  V  E  P  L  T
U  W  O  D  A  G  A  G  P  X  H  Y  S  O  N
P  O  P  Z  M  V  W  A  D  V  O  K  A  T  O
P  L  I  G  R  A  N  D  I  G  I  J  Q  E  K
V  I  N  B  E  R  O  O  P  C  I  O  N  P  A
M  A  N  Ĝ  E  B  L  A  N  V  T  J  A  L  R
```

PERLABORI   MALRIĈA
SPELLING   ADVOKATO
OPCION   SUPRENIRI
PLIGRANDIGI   KUPRO
PARTIOJ   BRAKON
AGADO   DOLĈAĴOJ
VINBERO   GRIZA
RAKONTO   SERURO
MANĜEBLAN   POTENCO
PETO   AKTORO

Puzzle 46

```
C C Y N O Z G I L O C H D C S
E O L Z S X A N Ĉ G V H S K A
L G R Z R W F N Q F H A I G N
E Z R A D N U B A L A M L L D
R C B E G L P O R E O J M G V
I X W I G I N O B I L P I Q I
O E U C I O N N S U M R A D Ĉ
H I R L S L Y O R H I O X D O
P Ĝ C E E U U V A D N T I E I
Q N O R M A M A K N A V K L R
J O S J R R K P J Y C B G X O
W S D D E P W O G E O Y H A E
E J Z U P O H E L P I T H F T
M K K L I M A T O T Y W G K Y
```

GLAVO
KLIMATO
HELPI
PERMESI
NORMA
MALABUNDA
TEORIO
SANDVIĈO
POREO
PLIBONIGI

PUFA
NOVA
TIE
SONĜI
KVANKAM
CELERIO
GREGO
LUNĈO
PRAULO
MINACO

Puzzle 47

```
C F J A S R E V I D U Y Z B E
N O M I T U K K P A E K L D W
S A K S V Q Q X L W H O A O T
F H I R A K G B J V F Ĵ I G H
N O T L U Z E R N O B A M E R
L P L H K D Y W T L N Ĝ O M T
U A D N I T K E L E I N N R K
D K O V O R P C U T L A O A E
O S A R E D I S N O K M K V J
I R O W R G X A E F P R E Z O
T R R J D A I U V I O G W J L
Q S G N F R B D U P T Z H Y O
Y B B G I P G E Q U Q B U V C
K T O G M O T O R O A E R O M
```

MOTORO   KONSIDERAS
KAPO   DIVERSAJ
KUTIMON   AERO
COLOJ   PREZO
VENU   MANĜAĴO
TRAVIDEBLA   PROVO
EKONOMIA   FAMA
ELEKTI   REZULTON
FOTELO   LUDO
TROMPI   VARMEGO

Puzzle 48

```
S U J N U H P V Z M N G P O C
U M S E Z E A Q P I D M J S I
B S L L P V R Y M K O E R A K
T B O D I M O P S B D J F R L
E K P L K Q L U O N N O D G O
N Ĉ X S V I A D E A E F W H E
A I U S K I D V A R B U R X N
S E X I K R O V T O Z D E M E
F L T T X U T D A J U R V X R
U A V L D Z R A K O O G I P G
P R N A W E E B I G I S K E I
A K P S S M F I L T N D S D O
G O X Q F W O I E H G P Y Y Q
I C P F I D I N D A C I T O J
```

MEZURI	BENDO
PAROLADO	SOLVI
ĈIELARKO	ENERGIO
OFERTO	GRASO
ORAN	VENDEJO
DELIKATA	FIDINDA
IMPLIKITA	AREO
EDZO	DUFOJE
CIKLO	SALTIS
EKSIGI	SUBTENAS

Puzzle 49

```
I  H  M  O  R  O  K  N  N  X  S  S  P  V  E
Q  R  I  T  A  L  I  R  D  X  I  I  A  E  B
M  B  F  U  D  T  T  R  V  M  T  R  R  L  E
J  B  D  K  O  S  N  M  I  T  U  I  D  S  N
A  I  O  S  M  B  O  A  A  A  A  N  O  J  A
E  O  U  I  A  P  D  P  R  I  C  G  N  O  Ĵ
E  K  X  D  L  T  R  C  R  I  I  O  O  A  O
I  K  Z  F  A  O  O  T  P  Q  O  T  N  D  J
Ĉ  I  C  A  M  N  S  N  A  S  K  I  Ĝ  I  S
A  E  X  O  M  U  S  A  L  A  J  R  O  U  I
P  V  H  D  L  E  T  B  F  D  D  P  I  L  I
E  P  W  I  D  L  N  R  Q  Y  C  F  X  F  R
L  G  L  H  B  K  H  I  T  E  C  H  F  B  K
O  D  L  F  C  M  A  S  T  R  O  K  B  N  K
```

ILUSTRI	ĈAPELO
MALAMO	RILATI
SIRINGO	ORDON
KRIIS	MASTRO
SALAJRO	DISKUTO
RADO	KIE
FLUIDA	PARDONON
EBENAĴOJ	NASKIĜIS
KORO	IRANTA
EKZAMENI	SITUACIO

Puzzle 50

```
M O N T R I S K D A L O G I P
Q O F O R T S A T A K C N D A
C N B F X S I J G X X N P C R
S O R Ĉ I S T I N O O E C M T
Ŝ T O N O D I V I D J I S H O
E K L L D C Z Z X W M D E K P
F S I S B O L I F A P E N S R
D A T Q B A N Q V G S R D I E
Z L S O O Q P A S S J G O Q N
D O Z Q N V O A C B O N B Z A
X V N O A T E E K E F I Ŝ O N
R I G I S R E V N I M O U S T
Z Ŝ A F O J P C D H V O Z H O
L O Ĝ A N T A J O H J D J Q S
```

FIŜO
SENDO
SORĈISTINO
INGREDIENCO
PAFILO
ŜTONO
INVERSIGI
KAPABLO
PARTOPRENANTO
KAJ

KATASTROFO
ŜAFOJ
SANO
DIVIDO
LOĜANTAJ
STILO
VOLAS
ESTONTECO
DONACEMO
MONTRIS

Puzzle 51

```
M I N F O R M O J L T S T Y O
A L A T A F C Q K T A J K W K
L A I T G S A X Y D K K I U U
P E W R O T T L P X S D X T Y
U N B O N O K L A B O N R D F
R O B A A O S H L R R R V K A
A L G D R O G A R E T N I M M
R I K J T P H O U T O O E R A
G S O W S L A T R O F M O K L
G E Z I I U F V W D R G N D S
L M F E G V F V X O I P M I A
I R I N E M F V D B R I L A M
D E Q T R K A M I O N E T O A
E P P O S T U L A T A N V D J
```

BALKONO
KOMFORTA
PERMESILON
MALSAMAJ
TIAL
TAKSO
BRETO
POSTULATA
BRILA
INFORMO

KAMIONETO
DROGON
VULPO
INTERAGO
REGISTRAN
FATALA
MALPURA
ENIRI
GIGANTA
DORMEMA

Puzzle 52

```
A I X A V T K S O M E R O I P
Y G Z T P E W R U N R L Y E W
A O N I E D T B O D A Ĉ R E S
L N L P R I N K B M Y S R A F
O E W M F R O K U T Ŭ A T N A
V T V O O R X V Z R W G R O K
R A V R R E C L D R O I D C Y
E M Q V T Ĝ I R W V O P O P S
B E W H O I D U O B L A N Q I
I T I U J N N H S W N T A R D
L G G A L O A T J T B I C L Q
H V N T V U F A F N A B O A J
F J U I D E N T E C O U J D C
V H D U M U T H E Q Z S R Q J
```

DUNGI
SERĈADO
FANDI
PERFORTO
REĜINO
LIBERVOLA
TIUJ
SOMERO
KROM
RIDE

ROMPITA
IDENTECO
DONACOJ
NUR
VETKURO
ANTAŬTUKO
LOZA
MATENO
SUBITA
DUOBLA

Puzzle 53

```
A  T  N  E  D  U  T  S  F  B  A  S  U  S  F
I  G  I  L  P  M  I  S  R  I  H  I  A  I  R
N  M  L  G  E  H  Y  G  G  J  T  U  M  I  A
J  W  J  O  M  A  N  I  C  Q  L  R  R  C  T
A  P  R  O  G  R  E  S  O  F  C  T  A  S  O
Ŝ  J  C  I  E  B  O  M  N  Q  O  S  V  A  E
X  S  S  O  T  I  L  I  M  Z  I  N  O  D  I
K  O  N  S  T  R  U  A  Ĵ  O  F  I  J  N  I
T  R  T  A  M  A  L  H  E  L  A  M  I  E  Y
W  H  R  N  E  J  A  N  U  G  R  C  F  P  Y
I  U  C  A  T  W  S  C  W  R  G  H  I  E  L
P  Y  R  X  Y  P  C  C  X  I  O  E  N  D  U
Q  U  Z  S  N  Y  W  X  U  M  E  U  Q  P  F
J  Z  U  A  J  L  H  A  T  I  G  I  D  R  O
```

PROGRESO	ANASO
GEOGRAFIO	VARMA
SCIIS	AGLO
KONSTRUAĴO	STUDENTA
MILITO	ŜAJNI
MALHELA	FRATO
IDON	SIMPLIGI
DEPENDAS	ORDIGITA
INSTRUIS	INFLUAS
CINAMO	JURA

Puzzle 54

```
S U X N V G A J A T I R A F A
E X V J Z N T T C R S B J B L
K C H K I T N P E Q T K A G O
U V P A J E A O D A G N K V U
R X D G D L P R N P O Ŝ O U T
A O I I V O M T O T S E V N I
Y W C N T V O R P B R U T O J
J K J O F X R E S G U Y B E L
O P D P N H T T E T N A V A H
U G L S U Z O O R U C O R Y E
Ŝ G F K A L T L E R N E J O H
O V A E K U N V E N A S Y R N
M F Q S U A K V O M E L O N O
O B V O L U M O O B S E R V I
```

BANO
KUNVENAS
FARITA
VOLUMO
SEKURA
OBSERVI
ALTLERNEJO
VOLE
TROMPANTA
ŜUOJ

EKSPONI
OKCIDENTA
HAVANTE
RESPONDECA
INVESTO
POŜO
TRA
PORTRETO
AKVOMELONO
BRUTOJ

Puzzle 55

```
P O B I Q A O L R D T A J H O
R A Ĉ M R T X N M M E B A E L
E L V X I A M S A I Z U T N E
M Z V S I T W G O V T N I S M
O F E Ĉ X I D S U S Q D Z E A
N H O F S Z D W U Z C O O R K
P K S D U U B M L W F G P V C
F L I B S N O T N E D S U O P
I H N U M N D T T Q E N S T L
W F Q M I I Z O R B M A Ĉ X A
F J K R Z A E V V R P I M V N
X G T L A I L A O O V C J W O
J A F Q K F A B R I K A D O V
P R C Y O D A N E P H N P R O
```

PREMON   ENTUZIASMA
SUMO   ALIA
FUNDO   PATRINO
SERVO   DENTO
KAMELO   UZITA
PENADO   PLANO
ABUNDO   SUPOZITA
OKAZI   ĈAMBRO
NACIAN   ĈAR
FABRIKADO   ĈEFO

Puzzle 56

```
S H S O N P N O T N E M O M H
A F E A K O L J A H Y B F W N
N C K B G Ŝ T R U M P E T O J
G W B E U R O U W L Z A S R O
O B I H Z C O O X F L Ĝ E E T
W R T E O Y C Z F A R U K N S
K P L E N U M I U O O R V T E
M A Q L W C P T N D S N I R B
O V Y P L A R O L A V T L A W
R F Z M S I S A L R O F Z P P
D N W I V I N S T I T U C I O
I O M S C I R K U L A S I I D
S P N S E G U Ŝ O K O W S N I
B D S R H X V J T D D D A Z X
```

MORDIS
INSTITUCIO
ZORGAS
SEKVI
HAJLO
ŜOKO
SANGO
CIRKULAS
ALTVALORA
VIRTUALA

ŜTRUMPETOJ
RUĜA
PLENUMI
KRIEGON
TEO
FORLASIS
MOMENTON
BESTOJN
PARTNERO
SIMPLE

Puzzle 57

```
G M A L L A R Ĝ A K I W H F V
Y E E C U F N E J O M O H A C
I H N O I C A T S L N Y Q R R
S S A E U O I U R E Q O D U P
U K N O R E S I V K C W E N R
F F A P I A P N A T A Z K O O
E V B A F E C O K O S Z U C J
R O A O T N E I C O V K M R E
I C K O L U M R O F M F A D K
O V A O P E S D Z R I X G T T
G A S O J R Z A K A T I D O O
Y Z P T I G O N S P I N A C O
N D Q L H B P K S C W H C Z R
O A F A E H A E H M D Z Q J Z
```

KORPO
SPINACO
SUFERI
RIPETO
GENERACIO
GASO
KABANAN
KATIDO
FARUNO
FORMULO

HOMOJ
ONI
KVOCIENTO
MALLARĜA
STACION
SIAN
PROJEKTO
DANKE
KOLEKTO
DEKUMA

Puzzle 58

```
D  G  C  R  Z  I  F  A  J  O  Ĝ  M  Z  D  I
E  E  T  E  G  E  H  F  K  U  I  R  E  J  O
M  E  D  A  Z  P  Y  E  A  L  F  I  U  O  I
A  D  D  K  Z  A  V  R  T  D  F  W  D  I  N
N  Z  O  I  Y  K  R  O  N  O  N  L  A  F  A
D  I  B  R  M  I  U  J  E  Z  L  D  S  L  P
A  Ĝ  L  O  S  S  V  X  D  L  N  E  S  U  M
S  I  A  T  A  A  Y  R  I  I  I  H  R  L  O
E  K  S  T  E  R  E  Y  D  A  V  K  T  I  K
Z  A  M  C  G  B  C  I  A  L  A  U  O  Q  V
Y  A  L  K  O  R  R  N  U  K  Z  T  U  P  Z
R  R  E  C  M  O  Z  A  B  O  I  M  I  S  C
G  F  U  A  A  L  N  T  S  J  B  L  M  U  M
P  F  P  U  G  F  P  R  O  K  S  I  M  A  W
```

BAZO	RIDINDA
FLORBRASIKA	ALKOJ
IDENTA	KOMPANIO
EKSTERE	ALKO
KUIREJO	SEN
TOLERI	REAKIRO
ĜOJA	DEMANDAS
GAMO	AFEROJ
PROKSIMA	OBLA
GEEDZIĜI	SIMIO

Puzzle 59

```
Q L S H E P K Y F C K P N Z R
F A E K H X Q E F J Y A J H H
E V I Z U L K N I P R U O V G
N I Y B U L K G D E T N R W I
C Y F E Y E P M N F J H E E O
H C R K X W N O D R O M B L N
B U E A U E X L Z P D Y N P B
Q A M Y W T V A T B O K I F E
A N D N J I I H U C B H V F Z
T T A C V B K M E L I P S A J
E A J L D U N C O T R E C A L
N Ŭ F G I S P E R M E S O N B
D E E J K P R E M I O N I M C
I N W O A F O R G E S U G Z Z
```

MORDON
DIKA
PREMION
KUTIMO
LACERTO
PERMESON
EFIKO
ARENO
ANTAŬEN
RIBO

FORGESU
INKLUZIVE
ELIPSAJ
ION
KULPO
FREMDAJ
HALO
VINBEROJN
ATENDI
SUBITE

Puzzle 60

```
V R S N O S E R E T N I K C E
D Q G Q U P V Q X V O N H V K
J R J A M E X P R I D A H W O
I D K J J C I V O O N R H R N
K B W A U I I X F Y U U A K O
B H T I Q O K I T I R T Ŭ S M
E U R C T J F X X J G L T I I
T U S O O C S U K W T U O D O
K O N S T R U I X O N K N I C
K U M H S C H Z A E K Y P S E
P R N G I D A K T X Z O A F T
E T M E T L U M L A M Q G D S
L E O D R A P O E L Y E I U U
E D Y Q A G N A R T S F C W Ĝ
```

INTERESON	TUTAJ
LEOPARDO	KONSTRUI
EKONOMIO	SUB
KOKO	MALMULTE
PAGI	KULTURA
STRANGA	SIDIS
ĜUSTECO	SPECIOJ
SOCIA	GRUNDO
TRITIKO	ARTISTO
AŬTON	DETRUO

Puzzle 61

```
I  L  V  S  U  R  F  A  C  O  T  S  N  O  A
S  P  E  K  T  A  K  L  O  T  C  Y  H  V  T
M  A  L  K  A  Ŝ  I  C  D  N  B  M  D  I  E
T  E  L  E  S  K  O  P  O  I  P  C  U  N  N
T  R  E  J  N  I  S  T  O  P  K  V  S  T  T
M  A  L  P  R  O  K  S  I  M  A  J  S  R  A
W  L  W  D  H  R  D  D  G  J  O  A  I  O  J
Y  B  S  I  V  E  R  K  B  C  R  T  T  N  K
J  O  T  N  A  L  P  F  E  O  T  I  R  M  G
R  N  G  Z  J  U  G  L  L  L  S  D  O  U  V
P  A  I  A  O  K  I  F  B  G  N  I  M  L  Z
B  F  P  V  D  C  H  I  Q  Z  O  V  R  O  O
Z  Q  L  O  A  K  L  V  O  I  M  K  O  K  B
S  W  G  F  W  P  S  N  Y  A  D  E  F  B  V
```

MONSTRO	ATENTAJ
NOBLA	TELESKOPO
KREVIS	FORMORTIS
PLANTOJ	SURFACO
MALPROKSIMA	PINTO
FACILECO	KOLUMNO
MALKAŜI	FLORAS
RAPO	EKVIDITA
KULERO	TREJNISTO
SPEKTAKLO	VINTRO

Puzzle 62

```
F E E V A K U I D F U V Q R T
V H S X P E P Y G N P B K E O
R P B T E K Z L P I X E O S M
D Q T J U O M B R O T A B T A
L S E O C S Y R Q M E L O O T
K R A J O N O C H N Q A S R O
F S K I Z Ŭ U H B T O J A A E
B G R I M P A D O U A O T C N
E P R I N C O N N G P L I I G
L N O Ĉ U R K E T G A I X O A
E D I M O W G O N M R E J G Ĝ
P A R O L A N T E C T M D M I
U W E B A G N O L L A M R R T
L D V R K R I Z O Y J C R I A
```

PAROLANTE	TEKRUĈON
GENUO	APARTAJ
ENGAĜITA	LOJALA
BELE	RESTORACIO
MELO	NAŬ
TASO	TOMATO
KRIZO	EVAKUI
OMBRO	GRIMPADO
ESTUS	KRAJONO
PRINCO	MALLONGA

Puzzle 63

```
H V B C L I Y S A T S I Z E R
X D B L E Y O I B L J S T N Q
J T B R O U I U U G V A M O H
V R K B S K N K N L F T O T Y
T E Q X K Y O S D X Z N F N I
B L P F Ŝ E L O A O N E M A K
C T W T R X S E C R O S J T X
C S N Q L U U L A O K N A N K
K A G K R V A J Q D I O M O R
T C V D F A L I S N T K S K L
T D V M G Q T Y X O I E Z A J
J N O S R U I M L K L C E R D
M A R Ŝ I F I K C I O N Y X M
P S A R T I K O L O P Y X J T
```

FALIS
FRUA
FIKCION
POLITIKON
KONSENTAS
ŜELO
KONDORO
ARTIKOLO
KAMENO
ABUNDA

URSON
RAKONTANTO
KREI
SANDCASTLE
JAM
REZISTAS
BLOKO
SKUIS
HOMA
MARŜI

Puzzle 64

```
K  M  A  I  T  M  A  S  Q  L  Q  R  M  B  Ŝ
A  X  Ĉ  M  N  S  E  L  J  U  T  D  T  I  A
A  K  I  Y  L  V  J  M  F  P  R  C  K  O  M
R  Y  R  M  Z  F  E  Y  B  O  J  O  A  L  P
J  V  U  P  Ŭ  A  T  N  A  R  R  N  S  O  U
D  U  D  E  K  U  C  O  T  B  O  I  K  G  O
D  V  O  N  O  I  R  T  S  I  Ŝ  Z  E  I  N
P  C  K  Z  K  C  D  S  R  U  U  N  L  O  E
P  X  F  F  I  Q  F  E  K  Z  S  E  P  D  N
A  A  O  K  A  N  I  T  S  A  P  B  M  O  I
S  N  I  B  N  A  T  A  P  U  K  O  O  S  A
N  U  N  T  E  M  P  E  N  Y  N  B  K  G  M
E  S  P  L  O  R  I  H  W  I  N  M  B  A  A
R  O  J  W  N  D  U  M  P  O  G  B  O  C  I
```

KOMPLEKSA	RIĈA
ESPLORI	ANTAŬ
ŜAMPUO	OKUPATAN
KUŜIS	INVENTI
NENIAM	BENZINO
MEMBRO	TRIONO
NUNTEMPE	PASTINAKO
ATESTON	LUPO
TIAM	DUDEK
BIOLOGIO	SODO

Puzzle 65

```
P A T T R X S C T F J K D T P
F L A K T O B M E O O R A J T
M A J K N S D D A T F V N R S
A O O D A V O M M N U T O I A
L D B R W V U R O A B O G U R
V A R U M T N J T N D I N Q E
A L A S U S A M A R N Z I F F
R U F M H Q Z L O E L M V A E
M G P Q B V K L L L E M S X R
E E X F Y F A P O V H K S I P
T R Y D M M L O K D A K K I F
A V M W C A O M I Z E R O I F
V G E Q M Z S K H G Q L O R T
Ŝ A T I S J F X X Q M I Z M M
```

REGULADO	MALORDO
MALVARMETA	LASU
TEAMO	LAKTO
KARA	JARO
MIZERO	MALPLENIGIS
FARBOJ	SAMA
SVINGO	PREFERAS
MOVADO	LERNANTO
BUFO	ŜATIS
KOLO	SOLA

Puzzle 66

```
E T H G R S K J O Ĵ A V O N Z
M E N S O G I G S A D I R U K
K O M I T A T O H O Z R S R A
L R P R O F E S I A M I B I R
E A C N T C Z L Y U K N I P P
K P P L D W J N L T I O Y A F
H O R O Z E R T C N I J K R R
A I M M U T A G N U W G O O O
M D B E B J C B W S O C R N S
S E F T N N E E R G L P X O T
T O C K R T L E S P E S N Z O
R D T I U N O M O P R E T M P
O F P K I G S É I P M E I C O
I N T E R K O N S E N T O S S
```

MULTAJN   PARO
HAMSTRO   KURI
VIRINOJ   INTERKONSENTO
RIPARON   TREZORO
CIEMPIÉS   MENSOGI
TERPOMON   KOMENTO
PROFESIA   NOVAĴOJ
IDEO   KOMITATO
TEMO   SOLECA
FROSTO   TIGRO

Puzzle 67

```
N P P D Q H L O O V F L M M Q
O V B E O G M T U E L D H A Q
V F P M X L N Q Ŝ T O R P L V
A I I O G E O T R E R I A R K
L X A C M R H R M R O G R I P
N U J E E G J A E O C A T Ĉ M
A U L P Y J L G J F C R O E A
R E N S N N O N E Z A D P C T
O A E F T H K P K N T A R O Ĉ
F E R I O U I R D N E N E R O
M Z O P P S S O S T B T N P G
O K W W X W R P Z K M E I A I
G N E S L L E R F I N O I K A
C W W F Y M P A K A Ŭ Ĉ U K O
```

SPECO
FLORO
DOLORE
ŜUO
ELEMENTO
KAŬĈUKO
PERSIKO
AZENON
ETA
OFICEJO

KAPRO
PROPRA
VETERO
MALRIĈECO
LAVON
RIGARDANTE
MATĈO
FINO
FERIO
PARTOPRENI

Puzzle 68

```
O Ĝ I S D A T I G O G M F W E
V M F L Y H E L P O L C Ŭ C K
O V Q G O C F O V Ĝ A C A L Z
J G O K I S A R B E N B B Y E
N X B E S W E U O R O A M C M
G L I T I L O T A T J K A W P
N B Q Z L J S K V U N J A X L
G R H O O A T U I P O O P M E
I J S O R I G R A N Ŝ Ĉ P U S
G O W T A G V T D B U I Y O I
R J N R P I M S I C P D A B O
A O F Q L L N O L K I N U K E
K Y D Z H E J I O O V O N P U
P Q D H F R U Y N W M K P X Z
```

RELIGIAJ	ROSO
HELPO	OVOJN
GLITILO	LACA
KONTRASTO	PUŜON
PAROLIS	AVIADILON
GLANOJ	KUNIKLO
ĜISDATIGO	EKZEMPLE
PONTO	STRUKTURO
REĜO	BRASIKO
KONDIĈOJ	AMBAŬ

Puzzle 69

```
S  A  K  O  R  G  D  G  D  S  G  H  C  R  Z
S  G  Q  D  I  V  E  P  W  Z  U  E  U  L  P
C  Z  Y  I  D  X  F  I  J  K  R  W  L  X  X
I  T  H  P  E  G  I  L  W  V  O  G  B  O  C
E  V  U  A  T  E  O  K  A  R  D  X  R  I  W
N  Y  J  R  I  Q  L  H  G  L  D  E  A  Ĉ  G
C  F  H  I  N  O  Ĵ  A  S  O  F  U  J  W  L
I  V  P  G  I  F  B  C  J  A  Ĉ  W  N  J  O
S  I  L  C  L  L  Y  P  O  K  I  M  D  E  B
T  V  S  L  O  N  M  I  F  A  A  P  M  Q  O
O  A  H  O  I  R  A  N  A  K  M  A  D  O  J
F  J  H  B  F  A  T  O  D  N  E  S  L  A  K
O  C  M  E  Z  A  M  W  Q  R  V  A  I  O  X
S  A  G  I  T  R  E  C  N  N  R  W  T  N  C
```

KANARIO	DEFIO
ĈIAM	GLOBOJ
FOSAĴON	SAKO
MEZA	TRO
RAPIDO	AFERO
ALSENDOTA	RIDETI
VIVAJ	ĈIO
SCIENCISTO	SCHOOLBAG
DRAKO	SOFO
LIN	CERTIGAS

Puzzle 70

```
O U V E V P A P L A N T O U T
O L O L I P D T R M J C S N C
Z A Ĉ W V G F C E G U E I H M
J F O I B O L O J N A P M A K
M A S A J D A I M K D D E K A
A R R N U E N Y U O V A Y I O
L E S D L N K B S M Y K T G N
S D A W E O O H T F B T O A D
E U N O T K J A E O K I N E P
K K G I A O O S L R Z Z A N I
A T A H O L U T O T P U Z X Q
B I D J K D T I L O F M A R W
I U O R I I C S J X G A F S M
Z V O M Q S K L A R I G I U I
```

SIDLOKON	PENIKO
KOMFORTO	SANGADO
MALSEKA	AVO
AMUZI	JARDEKO
KAMPANJO	FAZANO
FLANKOJ	REDUKTI
HASTIS	KLARIGI
MUSTELO	PLANTO
ATENDATA	PILOLO
VOĈO	DEKA

Puzzle 71

```
S  Y  W  G  K  I  P  L  E  H  L  A  M  I  F
O  V  I  O  F  Q  L  J  R  S  I  C  S  N  O
D  L  X  F  N  A  U  X  S  G  N  A  H  D  R
O  E  J  M  S  Y  K  A  N  Z  P  G  A  E  M
N  M  S  N  H  J  I  M  O  O  K  A  J  K  I
T  A  Ŭ  G  A  S  S  W  R  K  K  S  H  S  K
D  A  N  Ĝ  E  R  A  T  E  I  A  U  R  O  O
F  N  J  S  O  U  E  T  V  L  G  H  T  I
Q  R  B  E  D  M  Z  W  I  I  D  E  G  O  K
H  D  E  D  O  S  Y  O  R  R  R  S  K  F  S
R  T  B  M  B  P  T  Z  F  K  O  T  S  K  F
R  L  R  V  Z  Ŭ  W  B  B  V  N  A  U  A  S
Y  E  R  J  A  D  R  A  K  E  O  S  H  Ĝ  E
T  D  O  R  L  O  T  B  E  S  T  O  J  O  W
```

FOTO	DRAKE
MALHELPI	AŬTO
KAĜO	JAKO
DANĜERA	PLUKIS
SUGESTAS	SED
TAŬGAS	SAPO
DORLOTBESTOJ	KRITIKO
TERMOMETRO	SKIO
INDEKSO	FORMIKO
KALDRONO	RIVERON

Puzzle 72

```
H A N T A Ŭ A S H A V I S I G
P A U K W L O K O G O Z P R E
Z V L M W U D A L M Z A D V W
P L B T O N U R I A K W N S O
K N Y T I A R A G S S P A C O
U N W F C E B E O Z J T B E
K O M E R C A O S C S K S A D
T R A N K V I L A I M A O T R
K A V A L I R O G D N T K A A
N I V E L O K U T N U E E L X
T W P W Q E L S V I C N T O O
K V L G Q F B B V B Q D L Q L
P E R S E K U T A D O U U Y T
R P A Ŭ T O V O J O C R M B G
```

SKARABO
NIVELO
ANTAŬA
SEGILO
ARDEO
INDICO
FLUGIS
HALTI
MULTEKOSTAN
KOMERCA

ESKAPI
PERSEKUTADO
BATALO
AŬTOVOJO
HAVI
LUNA
TRANKVILA
ATENDU
KAVALIRO
SPACO

Puzzle 73

```
N O K T O N F U T B A L O K G
K O M P L E T A J B I R T K K
W X S K C M Y K K J V B F S O
G I X O U H Y W K E Q T I I N
A T V M O F W H N O Q N E R C
Z F E U Z R K V J C S P G A E
E N L N N V O W O E N U T F N
T M A U O I G B K A T D M J T
A O J M G X M V I N P E T N R
R R X O H O A V M O Q R A U I
O T O V B J R U A L F K K R T
R A N R K S T O T V K A W I A
D E U Z H A U X Q O P U J F X
U T Z B F U P C B B Z S W U T
```

SINSEKVAJ   SXVELAJXON
KOMPLETAJ   TEATRO
KOMUNUMO   GAZETARO
KREDU   TURBO
FARIS   OCEANO
BOVLO   FUTBALO
PUTRA   TRI
MUSO   VIA
NOKTON   JUPO
AMIKOJN   KONCENTRITA

Puzzle 74

```
L  B  H  M  G  G  O  L  U  B  Ĝ  E  N  K  I
U  O  E  A  B  H  J  M  Ŭ  L  D  M  D  O  N
L  N  L  L  T  N  W  L  Z  A  C  G  N  N  S
I  Ŝ  P  F  C  A  V  Q  F  N  I  S  S  F  T
L  A  F  E  R  A  L  K  N  K  H  D  X  E  R
O  N  U  R  N  H  V  C  O  A  B  A  A  R  U
A  C  L  M  N  H  U  M  I  D  E  C  O  E  A
E  A  L  O  O  M  R  E  V  F  T  T  P  N  S
C  D  Y  S  L  R  H  H  G  R  Q  K  I  C  S
L  M  Z  J  I  Y  W  N  A  I  Z  O  L  O  H
O  B  N  I  S  O  A  J  L  Z  V  R  A  E  M
V  L  A  T  N  E  T  A  T  I  D  W  U  S  O
Z  U  A  B  O  O  V  N  P  P  R  U  V  I  L
O  L  I  V  K  N  A  R  T  L  A  M  I  T  O
```

EDZINO
KONFERENCO
HUMIDECO
NEĜBULO
BLANKA
BONŜANCA
MALTRANKVILO
INSTRUAS
KLARE
LULILO

KONSILON
VERMO
HELPFULLY
TRAJTO
LIPO
SIN
MALFERMOS
ATENTA
PRUVI
ADIAŬ

Puzzle 75

```
V M G I Q L F A S S K H N L K
S S R J U F D O P K P U H X O
F F T D Z K C X N U L C O A N
J U A K I M R E T I U Q K S A
R D R E G I N Q V M Z F Y E T
O R O T A N I M O N E D N R A
T H V D I F E R E N C O S V V
K R O K N A R Ŝ B K Q A F I I
E B A T N E M E L E B F I D T
L L M D A H I K Ĝ L Z Z P E K
E R A K I J X N O K R A M E A
X G Q B S C G N J A X U V C U
X N V A Q J I D E S O P E J J
V A P O R O E A V O J O G W M
```

POSEDI
DENOMINATORO
SABLO
MARKON
SERVI
ĜOJE
ELEMENTA
TERMIKA
VOJO
ELEKTO

REGI
TRADICIA
KONATA
AKTIVA
VAPORO
DIFERENCO
OVO
LUDADO
ŜRANKO
SKUI

Puzzle 76

```
Y  Q  B  V  F  M  U  S  K  A  T  O  A  Z  D
X  C  X  B  Z  O  H  A  S  S  I  T  K  F  I
W  I  R  U  S  L  R  C  I  Ŝ  R  E  V  E  S
K  A  R  I  E  R  O  T  R  E  Z  E  D  R  V
A  E  Z  X  K  J  R  F  I  K  N  I  S  O  A
W  E  A  U  K  T  Z  B  T  K  K  X  Z  J  S
K  A  N  G  U  R  U  O  T  G  A  D  L  C  T
D  I  V  E  N  I  B  R  U  O  B  Ĵ  E  N  I
M  O  N  A  T  O  T  C  Ŝ  W  M  N  O  O  Ĝ
K  V  E  R  E  L  A  S  I  H  A  L  R  V  I
K  O  N  F  U  Z  A  S  P  R  G  E  E  G  S
Z  V  W  Z  A  S  O  J  O  U  P  L  W  N  S
N  I  Q  W  G  G  X  S  N  A  B  I  T  I  A
K  R  A  V  A  T  O  O  P  V  Q  H  V  L  S
```

KVERELAS	DISVASTIĜIS
TIRIS	VERŜI
MONATO	KANGURUO
DEZERTO	KRAVATO
BRUO	MUSKATO
SCENARO	DIVENI
KARIERO	PAPERO
ŜIPON	FERO
FORTIKAĴO	SINKI
LINGVON	KONFUZAS

Puzzle 77

```
E N Q I Z W U X L A U A P K D
B P B V Q O S J L Y A D D W E
I U T S U F F V D X T M F Z B
G W Ŝ Z U O Y O A H Q I N R A
E G R O Z Y O B A R K N U K T
T T T P K M M W D F S I M F O
U N N L O L E Ĝ N A P S E O T
T Q D T O S U K O F E T L R K
B D N G U Z L S R M C R E M A
V A V W J R S I P W I I A A T
F A L C P S G D B V A M G T N
R A N O L G R I A O L S R O O
L U G W S L S R T A A W O D K
I N T E R A G I A L M E N A Ŭ
```

MELEAGRO
KRABO
ADMINISTRI
RANO
SPECIALA
DEBATO
FOKUSO
ZORGE
SULKO
BUŜO

TUTE
FANTOMO
RONDA
KUN
ALMENAŬ
RIDIS
INTERAGI
FORMATO
ANĜELO
KONTAKTO

Puzzle 78

```
T O D I R B S D V M B V L X I
P R E C I Z E E E T F D G M V
U O T D H G I P S D Z W I O T
H J F S Q X K R T J A R C W D
U N O K O T S I O K P S O A O
R I O P Y N G M J S D N L R P
B S R L N W H I E M E Q W A R
O Q B U I O R U B M A T O A E
L D E F H T L U A Ĉ I E L O T
O K Z Y B N O Z T C G D E L A
T C C T Q K K F Q S T C T B T
I W I L T E P L A N E D O J N
T Z L C G E E D Z E C O B C H
I N K L U Z I V I M S C V N O
```

OFTE
DEPRIMI
SINJORO
GEEDZECO
PLANEDOJ
FOTILON
EKZAMENO
RIDO
INKLUZIVI
ĈIELO

ZEBRO
PRETA
PRECIZE
ESPRIMI
BOTELO
TAMBURO
URBO
VESTOJ
STOKO
TITOLO

Puzzle 79

```
F  V  A  X  W  S  K  O  J  D  K  K  Y  T  K
G  I  T  K  U  D  O  R  P  R  U  N  U  U  C
M  C  S  V  G  Z  P  O  D  I  V  E  L  E  T
N  A  E  Z  H  G  D  L  O  W  C  Q  F  K  L
A  D  L  G  N  A  N  J  A  F  L  W  R  O  A
T  J  W  F  R  P  O  L  I  T  I  K  O  N  G
K  S  F  U  E  D  I  P  A  R  G  D  C  F  O
A  N  Z  C  M  R  A  T  A  V  I  R  P  L  T
P  E  J  E  A  M  M  O  J  Y  L  N  A  I  R
M  L  V  R  P  C  D  I  T  X  U  P  H  K  I
O  K  G  V  O  D  R  V  L  N  B  O  W  T  N
K  D  E  O  R  B  M  O  N  O  E  V  Z  O  K
F  O  R  G  E  S  I  S  F  Y  N  A  V  L  I
F  R  A  G  M  E  N  T  O  Y  K  S  W  O  E
```

MAPO   POVAS
RAPIDE   POLITIKO
MALFERMILO   NOMBRO
PRODUKTI   LAGO
NEBULIGI   KONFLIKTO
MEZURADO   FAJNAN
TELEVIDO   CERVO
FORGESIS   PRIVATA
KOMPAKTAN   TRINKI
FRAGMENTO   DEVUS

Puzzle 80

```
Y  T  I  Ĝ  I  Ĉ  E  R  T  S  L  A  M  O  P
Z  O  Ĝ  A  T  N  A  V  A  I  M  X  O  A  R
Y  G  I  S  L  K  Q  T  N  D  P  D  F  L  U
Q  I  Z  L  B  I  E  S  G  I  I  E  U  F  N
S  R  O  A  R  L  A  C  A  D  Ŭ  A  H  I  T
I  T  L  F  E  X  K  E  N  C  E  N  T  L  E
N  S  I  B  M  V  J  U  C  I  T  A  Ĵ  O  P
E  F  T  R  L  O  H  M  X  H  O  I  R  Q  R
R  C  A  M  F  F  Z  F  A  L  I  Y  I  K  E
P  R  B  K  M  A  N  T  U  K  O  N  E  Q  N
M  R  L  N  E  K  T  A  R  O  K  H  K  Q  I
O  E  R  I  G  A  R  D  O  O  A  K  E  S  T
K  Y  D  Q  H  W  H  K  R  Q  T  Z  G  L  H
L  A  N  O  J  E  Ĝ  A  V  O  S  L  C  N  E
```

HUFO	CENT
MANTUKON	LANO
CITAĴO	STRIGO
FALSA	NEKTARO
AŬDACA	AVANTAĜO
MALSTREĈIĜI	KOMPRENIS
KELKFOJE	RIGARDO
HUNDIDO	SOVAĜEJO
PRUNTEPRENI	SIDI
BELETA	IZOLITA

Puzzle 81

```
A  M  O  R  G  A  Ŭ  A  Z  S  B  T  K  F  R
Ĝ  N  K  L  Z  K  K  V  S  U  M  O  K  R  P
O  A  N  F  I  I  Ĝ  A  N  M  R  T  G  A  V
X  T  E  B  Z  R  H  C  A  E  B  A  Z  M  Y
Q  U  V  U  J  K  U  O  K  Y  B  O  A  B  X
R  R  M  K  A  U  O  T  Z  F  Z  B  Y  O  O
J  A  P  S  I  L  A  L  E  G  R  A  V  A  J
D  J  R  R  M  T  I  U  O  V  Y  P  F  Q  U
Z  Q  B  V  A  U  P  M  K  O  N  F  E  S  O
M  U  S  X  U  R  Z  I  P  B  O  R  N  B  W
A  L  I  A  J  O  Z  L  M  A  C  X  N  I  T
W  H  Y  X  P  M  B  P  H  F  N  M  T  G  O
P  A  R  T  I  T  U  R  O  R  E  T  I  D  D
E  N  K  O  N  D  U  K  I  Y  P  Z  X  V  Z
```

MORGAŬ	AĜO
ENKONDUKI	NAĜI
FRAMBO	ALIAJ
PLIMULTO	KULTURO
TERO	MUZIKA
PENCON	GRAVAJ
KOREKTA	VETURILO
KONFESO	PARTITURO
VENKO	FABO
NATURAJ	BOATO

Puzzle 82

```
Y  N  Ŭ  A  D  L  A  B  N  A  S  K  I  Ĝ  O
D  N  I  Z  E  E  F  Y  H  E  L  A  S  I  G
M  G  W  I  Ĝ  Y  M  N  L  T  J  E  S  O  H
S  U  D  R  I  D  D  O  E  N  T  Y  T  E  L
I  Y  P  K  R  J  U  Ĝ  N  A  C  O  O  F  U
J  A  O  Z  A  K  O  O  X  S  R  P  T  A  T
F  S  I  I  F  V  N  L  F  A  T  H  N  R  R
E  O  C  W  O  G  O  R  K  L  Z  R  E  G  O
P  D  R  T  J  O  N  O  D  L  E  O  I  N  N
Q  R  Y  M  N  M  F  H  H  U  J  Y  C  T  K
V  I  H  S  A  L  A  N  G  I  S  J  A  Y  E
C  B  F  Z  I  L  S  U  A  V  W  B  P  K  P
B  G  Y  U  J  O  E  S  D  I  S  K  U  T  I
J  B  T  D  E  L  E  K  T  E  B  L  A  X  V
```

DUONO	DEMONSTRI
NASKIĜO	BIRDO
KAZO	ĜIRAFOJN
LUTRON	LASI
ELDONO	DISKUTI
KRIZA	LASANTE
PACIENTO	SUNHORLOĜON
KAROTO	FORMALE
ELEKTEBLA	BALDAŬ
SIGNALAS	GRAFEO

Puzzle 83

```
D E N T O P A S T O I S A J U
B O E M O C I A N J K Y C A J
B I T R E V A V X N Q T U P A
M C Y W U R V N A H O Z H K R
D I S T A N C O L E T S I K O
P Z F H U K F K X J O T L O V
E O Z O H L L R I V K T M A A
Z P F R Z H B O A A A U N Ŭ F
O A A E M B F F R T H Ŝ Q S G
P M Y T J O U P T V I O L K R
S U T O R U Z E M A N N P U Q
M I D K P R I P E N S I O L E
C J O S I N E T U J T Z T T N
D A T R E V E N O N F F X I R
```

PRIPENSI   PEZO
MEZURO   PRAKTIKA
FAVORAJ   FRATINO
DATREVENO   DISTANCO
SKOTERO   TUŜO
AVERTI   POZICIO
VOLTOJ   TENISO
FORKON   STELO
PAFO   AŬSKULTI
DENTOPASTO   EMOCIAN

Puzzle 84

```
I  N  V  I  T  O  N  X  A  Y  V  K  P  E  B
N  P  H  D  D  S  M  U  D  O  T  A  E  I  O
L  A  K  T  U  K  O  O  C  L  T  P  R  P  N
P  B  B  R  V  I  K  R  L  N  C  I  S  R  V
O  D  O  R  O  F  E  V  H  A  W  T  O  E  O
B  E  R  F  R  M  A  Y  I  J  N  A  N  Z  L
A  W  A  Z  O  I  D  N  A  R  G  L  A  I  U
T  T  A  K  O  M  O  X  I  R  R  O  D  D  C
O  S  W  L  T  J  A  F  I  C  E  P  S  A  F
S  H  D  C  E  M  I  L  I  T  A  S  R  N  R
N  N  V  R  G  Q  J  G  S  D  M  X  B  T  A
S  K  I  B  A  R  I  R  P  D  K  S  I  O  P
B  N  F  X  L  A  S  V  Y  D  C  K  K  L  O
E  M  O  N  D  O  Ĵ  A  T  R  E  L  J  B  P
```

BONVOLU	GRANDIOZA
BATO	PREZIDANTO
PERSONA	DUM
LAGETO	KOMERCO
MOLAN	ENIREJON
MONDO	LAKTUKO
MILITA	FRAPO
LERTAĴO	PRIRABI
ODORO	INVITON
SPECIFAJ	KAPITALO

Puzzle 85

```
S M Y M K V V D K V D O S I M
I E X U P I A N Q T D D T K L
M N H R W W N U Q L S N A O P
P S E O C Q G E O U Q O R S A
L O R T E N O B J S B P I O K
A G B E O E O G N O L S S C O
N A O F K K N E K D P E I I M
U P T C V Z U B I R W R V O P
B A L I T N E Ĝ L A M S O N A
A P Y V A B J R M M E X P X N
X K H G G F B U C P J S U V I
B W H B Z H P B U O L U Z Q U
M A L L I B E R E J O B O W H
L V E Q T Y I N X U A M Z E Y
```

KINEJO
STARIS
LONGO
KOBOLDO
MALLIBEREJO
AKOMPANI
HERBO
TENO
MURO
EKZERCO

POVIS
MENSO
MALĜENTILA
NEK
NUBA
SOCION
MARDO
PAPAGO
RESPONDO
SIMPLA

Puzzle 86

```
M  L  G  G  O  O  T  N  O  F  Q  O  E  T  A
E  U  S  O  K  K  S  E  J  U  M  I  N  R  P
M  N  X  R  D  C  U  Z  Q  T  W  R  H  A  K
O  J  O  B  E  B  O  L  I  N  S  A  A  G  A
R  P  R  V  I  B  U  R  O  Q  T  J  V  I  Z
I  H  A  C  P  X  F  B  C  J  U  D  A  K  E
G  T  T  M  A  U  R  F  E  S  D  A  S  A  D
A  Y  N  G  H  F  O  U  D  I  O  N  B  N  U
S  U  A  F  X  G  S  S  N  G  J  T  N  F  K
O  O  Ĝ  B  X  S  T  Q  O  I  I  E  B  O  A
V  E  O  L  R  T  I  B  P  M  F  C  R  T  D
O  R  L  M  E  Q  G  C  S  I  F  L  X  E  O
R  A  T  N  E  G  I  L  E  T  N  I  B  I  G
P  V  I  V  O  J  U  O  R  A  N  G  U  L  O
```

BEBO
RAJDANTE
ENHAVAS
EDUKADO
TIMIGIS
OKULOJ
VIVOJ
STUDOJ
ANGULO
PORKO

FONTO
LOĜANTARO
MEMORIGAS
RESPONDECO
FROSTIGI
PROVOS
TRAGIKAN
INTELIGENTA
OBEI
RITMO

Puzzle 87

```
H B W E K G D E C U Z T J T U
J R Q S M U A D U T K V J E A
J P W C X E P P C E V Y X L T
I H B E F H H E V O K I E E F
P V K P A K F R O N T N A R A
K N O T R A T K Z O L E Ŭ O R
K R L O D R E P U T S T T T I
M W E X O H F Q J O R E O N Ĝ
E A J A T U N I M K Z R M O I
L T L X D P I L O T O D A M S
S B P G M O M U T R O K T C R
T E Y O R P E N S A D O A L R
N W J O L A N R U Ĵ T J N M A
M J N X C R Ŭ B O N V E N A U
```

MINUTAJ
MONTO
KORTUMO
AŬTOMATA
VOKI
ARTON
KOTONO
FARIĜIS
KUPEO
TELERO

UZO
RETENI
ESCEPTO
ĴURNALO
KREADO
BONVENA
PERDO
PENSADO
MALGRAŬ
PILOTO

Puzzle 88

```
R E V E N O T O R E P S E L X
B E T I K Z N L A Y Z Q P C L
G X T J E A C E K L I S M U Q
I U E X C F W R L T L E E P O
X F I I I E M B D D U Y T O S
H B L V R Ĉ E M Q J T J A R N
F O I I L D U O D J A T T T P
P T W V K J U I E C R D S I P
C R A T W A G K C X G X A R O
U O V S L B Ŝ U I I P H L C R
Y P I O B C C I D Q Z Y L R T
S S Z P L Q J L O L J A N Z I
A W O I N S T R U I S T O J S
M A L M U L T E K O S T A Z J
```

SPORTO   LASTATEMPE
AVIZO   GRATULI
REVENO   POSTVIVI
KAŜI   ESPERO
INSTRUISTOJ   NAJLO
PORTIS   DECIDO
PORTI   OMBRELO
KUDRI   SILKECA
MALMULTEKOSTA   POLICANO
ILI   ĈEFA

Puzzle 89

```
G R A J Y V D I E T T M U Q N
Ĵ E T O U R T Ĉ V U E R E E N
O N I L Y T T I F O Z B A B E
W O G U I C S D C Z O R R L K
L S I G I X E E E I E L K A Y
S R K E C V T D Z P Q F K H W
I E E P X N M W S B A L E N O
Ĝ P S S I J B E P U R P U R A
I X J S Q E N A T A Ĝ O L O D
K A A I F E S L E D O M N G L
E P S V S E K B R I L O N W I
V A L O R A N P F C X S W E X
T I L I D S Z H I N Z H A Q I
J P W I M J U R M A P X R G E
```

ĴETO   INO
PERSONE   VEKIĜIS
SLEDO   DEDIĈI
TEZO   SCIU
SEKIGITA   SPEGULO
EBLA   PASINTECO
TRUO   BALENO
VALORAN   PURPURA
SENESPERA   LOĜATAN
PIZO   EKBRILON

Puzzle 90

```
N  J  O  I  N  I  L  D  I  V  G  S  V  J  O
S  S  X  O  T  O  P  F  E  Y  S  O  E  F  R
C  G  I  N  J  S  A  V  E  D  Y  R  N  V  B
H  C  E  O  A  P  M  Z  C  U  B  T  T  Y  I
S  N  R  Z  I  T  C  O  C  I  X  I  O  V  T
K  A  U  Y  T  C  I  C  C  V  M  M  J  X  O
W  K  K  O  I  R  L  B  L  U  A  E  M  D  U
A  J  E  B  O  U  K  Y  U  O  D  N  B  I  L
E  K  S  T  E  O  L  E  S  O  R  T  E  P  D
C  Q  S  A  N  A  L  I  Z  O  O  O  K  V  A
K  I  S  F  K  E  S  E  N  Q  N  M  O  E  N
H  S  C  I  E  N  C  O  N  O  M  U  M  I  K
F  U  N  D  A  M  E  N  T  A  X  N  Q  B  A
W  P  I  T  G  C  K  M  F  K  L  R  X  S  Ŭ
```

PETROSELO	ORBITO
BEKO	NOMUMI
HISTORIO	ANKAŬ
SCION	GVIDLINIOJN
ZONO	POTO
VENTOJ	SORTIMENTO
BLUA	DEVAS
SEKURE	SCIENCO
NORDA	ANALIZO
AKUZAS	FUNDAMENTA

Puzzle 91

```
G R D D T K H D B B M A R O B
N R B A P V A M E G R O Z N E
C Z A M O L O T A K S Y E G M
M D Z D C T T K E T Ŭ A L X D
M A J L O J O L K G E R A R A
A T L J X R H I O S O J Y X N
L N I P U K O P L P R R H V O
F E G L L I N O A I E M I M B
O T N O E E T J P R K U F O L
R N R K R A N T S I A F I T A
T O J I E Y E I O Q V Q D A M
A K B L Q N U D G P N A O B W
L F R Q O H O R B I L H M A K
O F R P W Y G A Q N E P P S D
```

ZORGEMA
SKATOLO
MARO
SPIRI
VAKERO
LIBRO
MALBONA
KLIPOJ
LAŬTE
MALFORTA

ERARA
OKUPI
KATEGORIO
MALPLENIGI
MODIFI
KOLAPSO
GRADO
ARDI
KONTENTA
SABATO

Puzzle 92

```
C X U O C Y K O Y W K J K J E
M I R I U K D E I Q X D X Q L
W T R A P R L A V I T A G E N
Q S G K T F I J S Z F I A O P
C A K M L C B Y V O W S J U C
U R N B D A Z A E P D C G Y U
X K N F E P O N D I E B U G V
E O T B U D B U O R U R K T L
O R J X E D R J T W A I R O L
G P E M E K E U Ŝ C T G F U P
U O I S I M V T O J O T N U F
E R I G I D N E P X K G X I M
G R A V I T O S T E L O J N S
T V S C E N O X C Y Y A M G K
```

SCENO
NEGATIVA
KOTA
STELOJN
PENDIGI
GRAVITO
KRURO
VERBO
CIRKLA
FUNTOJ

RIPOZI
MISIO
KUIRI
SVEDO
TUJ
SINGARDA
PROKRASTI
RIMEDO
POŜTO
JUNA

Puzzle 93

```
C  K  T  T  G  X  R  O  Ĝ  E  N  O  V  I  V
A  J  O  T  N  E  I  L  K  M  R  S  J  N  E
S  R  N  K  R  D  O  L  T  O  S  K  A  U  C
Z  B  Q  K  A  R  R  W  F  E  N  U  B  U  U
L  B  T  T  E  V  N  O  N  E  T  N  I  S  I
G  T  S  L  W  U  Ŝ  R  E  K  O  N  I  Z  H
A  V  E  J  Z  M  T  R  O  V  A  Ĵ  O  P  I
K  J  I  Z  Q  H  W  B  P  R  V  N  I  Q  N
R  X  S  D  S  U  B  E  Y  O  O  I  R  A  V
Q  V  Z  H  I  X  J  H  J  N  F  E  B  L  A
J  J  O  N  H  X  S  X  P  I  E  D  O  U  D
Q  K  O  I  C  A  S  R  E  V  N  O  K  D  I
A  T  I  N  G  I  S  V  U  A  T  X  D  I  G
T  R  E  J  N  A  D  O  Q  X  X  N  D  I  J
```

ATINGIS
SUBE
AVINO
TREJNADO
VIVO
KONVERSACIO
STADIO
TROVAĴO
PIEDO
NEĜO

VARIO
GVIDI
INVADI
KLIENTO
ALUDI
REKONI
ŜOFORO
ZOO
SINTENON
NUKSO

Puzzle 94

```
M A L T R A N K V I L A M P M
S E R Ĉ O X F E V T D L A L O
K C R J X A I K U S A F L O N
K S J U P A N Z N E Y U V N T
P A V K F M E I D M A U A Ĝ O
A N R W S O L S I J X B R A J
U O O A R S Y T H D G R M D U
J D Z R K C Y I Z E J F A O I
W S N W K T N N B L J L W I K
L N N K G A E A Z F Q M R T B
Q A V G N Y L R K O J C O I V
Q R R V A N U M O K X N M P N
G T N G G P C I D N E F O O U
G E E D Z A O C E T R E L V D
```

EKZISTI
HEJMO
OFENDI
PLONĜADO
LERTECO
KIUJ
SERĈO
MALTRANKVILA
GAPO
TIPO

TRANSDONAS
GEEDZA
AMO
MALVARMA
ESTI
VUNDI
KOMUNA
KARAKTERON
MONTOJ
FINE

Puzzle 95

```
T  K  H  A  H  E  P  O  N  V  Z  O  W  P  O
M  A  L  A  R  E  N  E  Ĝ  M  W  J  K  R  N
P  V  B  I  P  F  R  E  Ŝ  A  O  A  O  Ŝ  I
Q  A  U  L  Y  M  N  Q  L  I  E  V  V  T  V
G  L  S  N  O  Y  A  R  C  K  L  S  E  R  K
A  F  S  W  T  N  O  Y  O  U  F  O  D  U  P
R  G  C  Z  N  V  X  T  P  C  G  Ĝ  O  M  U
P  P  R  A  A  F  I  N  A  N  C  A  J  P  F
T  K  Q  H  G  N  E  G  O  C  O  S  U  E  F
E  J  N  S  I  B  Y  C  R  S  V  E  I  T  M
N  E  P  A  T  K  E  F  R  E  P  M  Ĉ  O  U
E  Z  L  V  S  I  N  O  D  K  T  X  I  Y  Q
R  W  E  J  A  I  N  S  P  E  K  T  I  H  B
E  Q  O  Q  G  B  J  U  H  G  S  F  M  N  T
```

ŜTRUMPETO
ĈIUJ
NEGOCO
TENERE
KIAM
VINO
PERFEKTA
DONIS
GASTIGANTO
FINANCAJ

ĜENERALA
CRAYONS
FREŜA
PULVORO
INSPEKTI
ENHAVO
MESAĜO
TABLON
FLAVA
DEVO

Puzzle 96

```
A K A D E M I A J H C W Q O V
A D B L N E T A K I M A S Y G
L M D I S N E P A A L I M I S
C A F G A I M G N O M O P B E
S T Ŭ I K Y S O S E M O R P V
W W W T C K U L K P B E X U E
G D M A E E L I L A V L B R R
P Z S J P K U D L L T O M I E
C W K P T I X O Z I N A G R O
X S Z E A S G K C W I R J X X
Q B X U S G D O A E Y A L X B
L O G I S N A R T Z I H Z B O
G R E N E J O K O P I N I O K
Q U O G M A L S T A B I L A S
```

MANO	AKCEPTAS
GRENEJO	POMON
AMIKA	MALSTABILA
OLEO	NETA
AKADEMIAJ	TRANSIGO
MOKATAJXO	LAŬ
VERE	LIGITAJ
KROKODILO	ORGANIZO
PROMESO	PENSI
OPINIO	SIMILA

Puzzle 97

```
M O L U L A I C I F O M I R Ŝ
A G B F Z N C Z N I I O O N T
N L D U R U J W T N D L G E R
G K N J O D E R D N E V B Ĝ U
S T A N D O A N Y H M M F B M
S Z N V H P K J Q C R V U U P
I F E O K E T O I L B I B L O
N Y Ĝ K D I B Z D K K T P O Y
S Z I U V Y T A U Z B R W J X
E A D T P R I N O L U B A T E
K R N I A I O J A U N U G B U
V D I M P D O T E N M E T I B
O H N E C F O A L P O R T I S
K G Q C N J O N O Z E B E S N
```

TABULON
BLATOJ
KUTIME
VENDREDO
ANTIKVA
INDIĜENAN
MEDIO
RIMO
BIBLIOTEKO
STANDO

UNUAJ
PARTIO
PRI
SINSEKVO
NEĜBULOJ
BEZONOJN
ŜTRUMPO
ENMETI
ALPORTIS
OFICIALULO

Puzzle 98

```
F I R M A N E I K P L O V M T
L P V Q O R D N V V N Ĉ V R I
B I Y L H S M D A F V N O V T
U P E U L W E I N T W A M Y O
G I N O M A S K T I U R G V R
Ĉ U L N D V J I O Ĵ G T R R E
E Ĝ U E G I K K B U E E P U I
G C D V V T M C G S S D A Y B
Y S A N U I G V G O L E R N I
H R N U Q Z I S T D E M A S C
S C T K U O X K L N V B N O D
K R O P A P E A E A T J J K J
A Ŭ D I S L F K H R L O A A V
X Z T U E K O V R I T A S L N
```

KOVRITA
NOMAS
ĜUI
RANDO
INDIKI
BIERO
DETRANĈO
ELEKTO-SERVO
AŬDI
TUTA

LERNI
EMAS
ĴUS
KVANTO
ĈIELON
AJNA
POZITIVA
FIRMA
KUNVENO
LUDANTO

Puzzle 99

```
R A T A S L A M A V X Y J L P
E P L S D X M L G T S G A R C
K O Y D M A L O D I R K A Y I
O S Z P O I N O T A D L O S U
M T B E O N Y U D G B P E K O
E T L N O H I S N P O S H N N
N A U R E L I E F I G I E U O
D G E G A Z O N O N Z M F Q R
A M B V I V A S O Q R U C I K
S E E B I L D O N E M K Y E V
A Z L S P E R T O O Z A R F X
S O L V S I T N O K A R H D F
W R O W W W H V G D Z B H C N
R D I U Z G N L P R I W U D N
```

MALO	NIA
BLUEBELL	FRAZO
SOLDATON	BRAKUMIS
RELIEFIGI	REKOMENDAS
VIVAS	NUNA
KRONO	MALSATA
BILDON	GAZONON
ALDONI	RAKONTIS
POSTTAGMEZO	SPERTO
ERMENO	AKRIDO

Puzzle 100

```
O  A  I  N  Z  C  F  F  O  B  R  A  K  Z  S
O  T  B  G  D  K  D  D  K  K  V  T  A  X  I
R  R  C  W  Z  Q  A  D  C  C  Z  J  S  N  N
E  I  D  I  V  T  Q  N  O  N  J  A  R  T  J
T  B  O  I  R  T  S  U  D  N  I  R  A  F  O
P  U  C  O  D  R  O  P  A  O  S  N  B  S  R
O  I  P  L  E  N  X  R  T  R  S  L  O  E  I
K  M  C  A  E  Z  A  K  R  E  D  K  I  M  N
I  R  A  P  Ŝ  I  X  I  O  V  I  F  P  E  O
L  G  B  S  L  X  O  E  P  L  R  K  W  R  A
E  G  V  I  H  O  Q  S  S  O  T  S  E  T  A
H  R  M  Q  I  R  J  O  K  N  A  J  L  S  W
Q  A  Z  D  Y  Q  I  N  E  R  P  M  O  K  M
F  M  X  K  T  O  T  A  L  A  B  Z  P  E  N
```

INDUSTRIO	ŜPARI
EKSTREME	VERON
VIDI	ATRIBUI
KIES	KARBO
TOTALA	SINJORINO
ESTOS	LIKO
KOMPRENI	FAMILIARA
EKSPORTADO	TRAJNON
HELIKOPTERO	IMPORTADO
PORDO	FARI

Puzzle 1

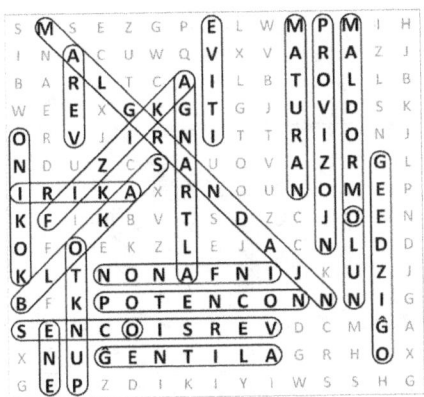

Puzzle 2

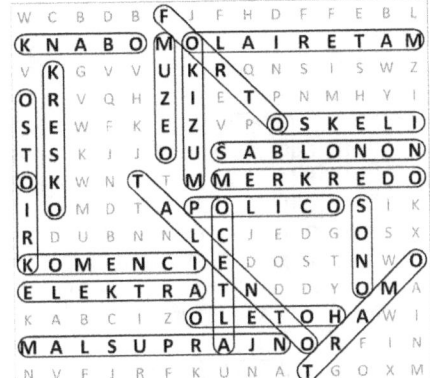

Puzzle 3

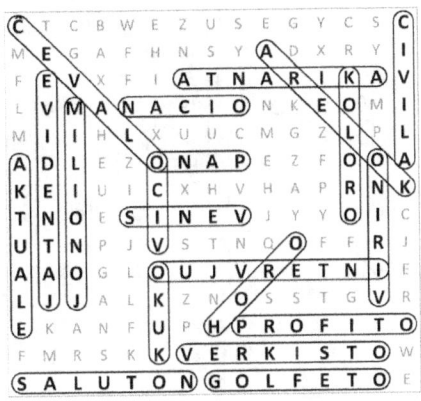

Puzzle 4

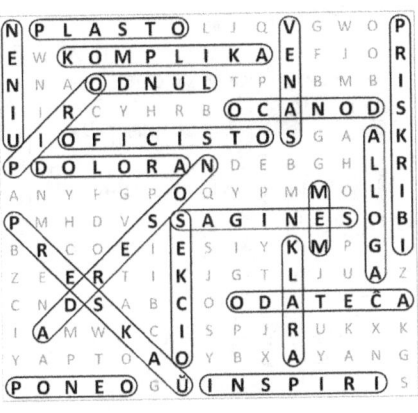

Puzzle 5

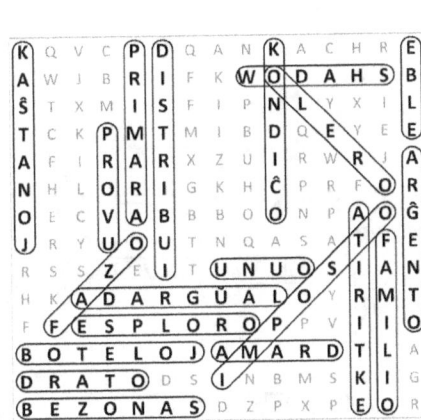

Puzzle 6

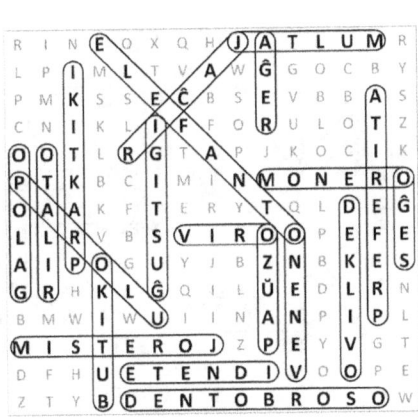

Puzzle 7

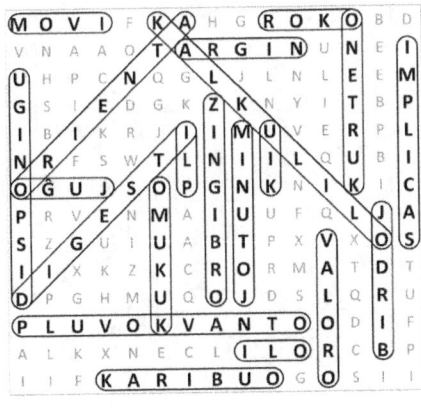

Puzzle 8

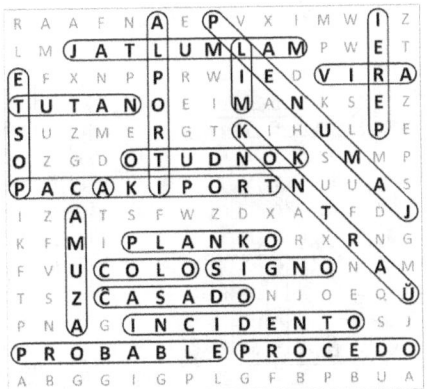

Puzzle 9

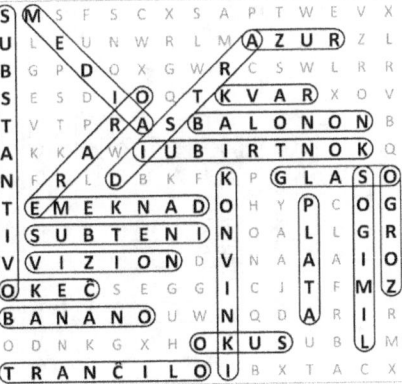

Puzzle 10
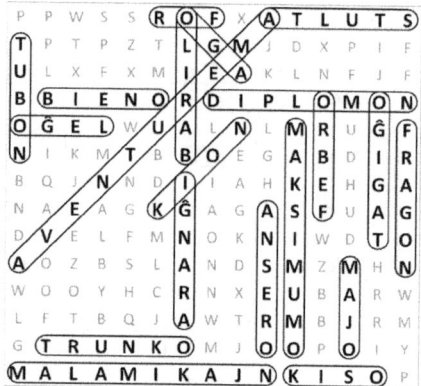

Puzzle 11
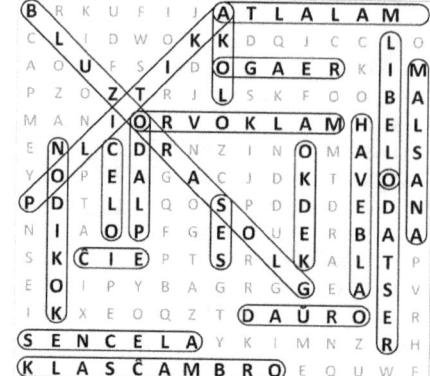

Puzzle 12
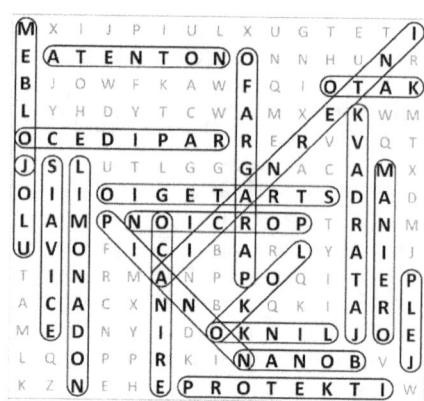

Puzzle 13
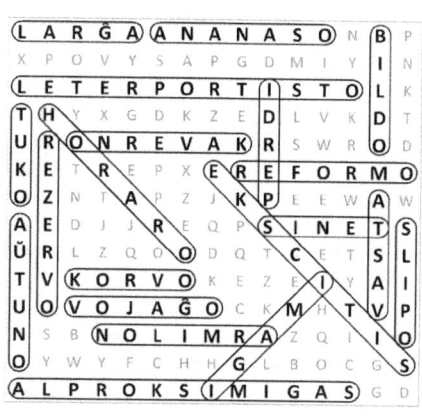

Puzzle 14
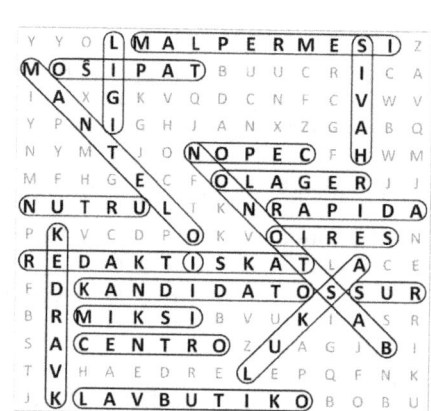

Puzzle 15
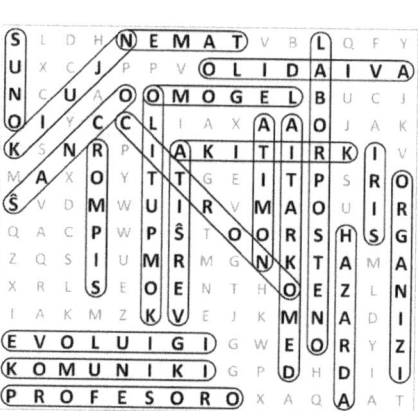

Puzzle 16
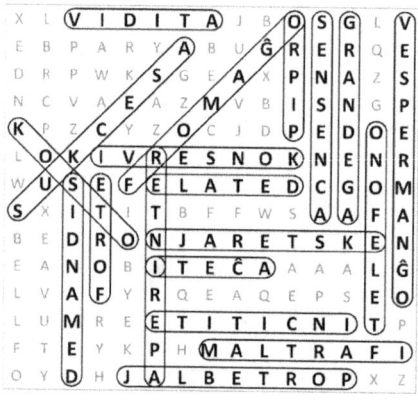

Puzzle 17
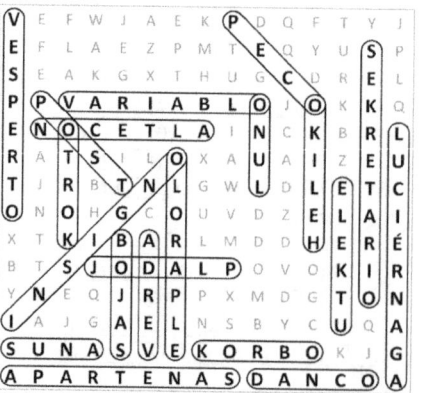

Puzzle 18
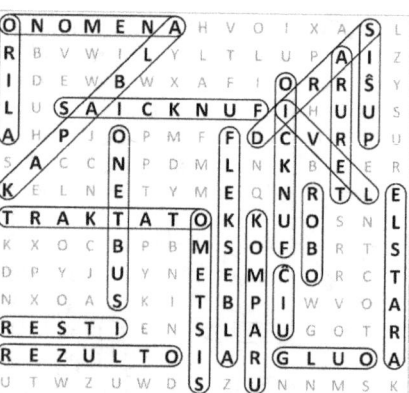

Puzzle 19

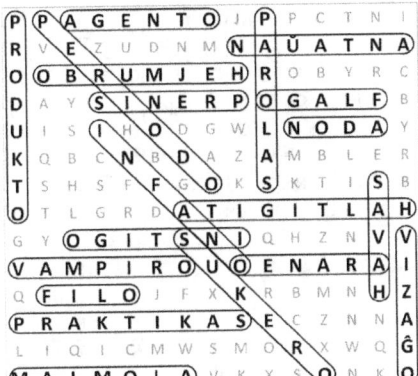

Puzzle 20

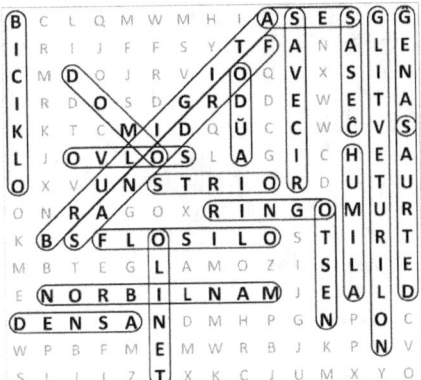

Puzzle 21

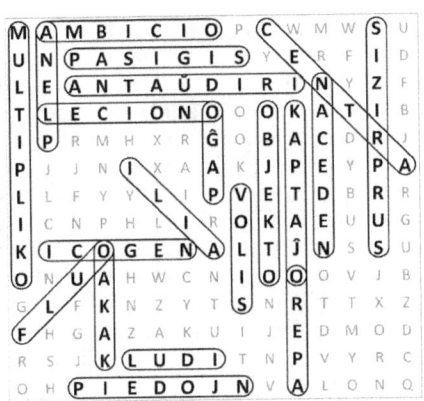

Puzzle 22

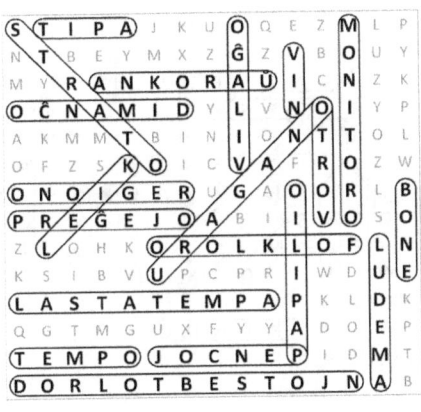

Puzzle 23

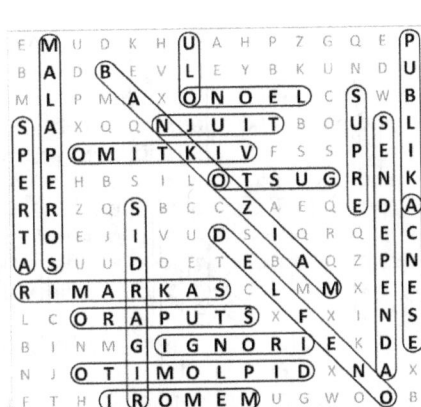

Puzzle 24

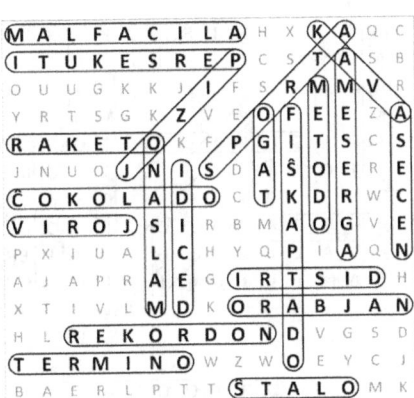

Puzzle 25

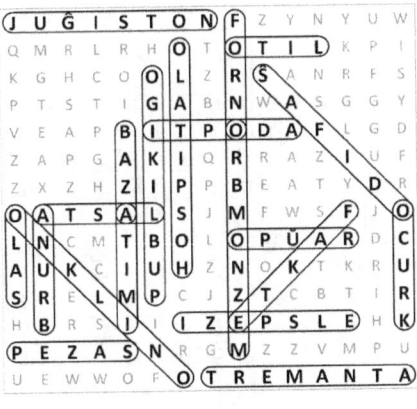

Puzzle 26

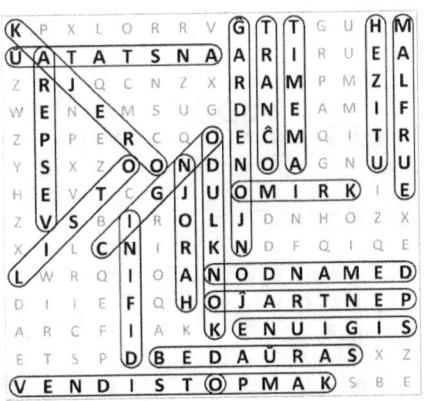

Puzzle 27

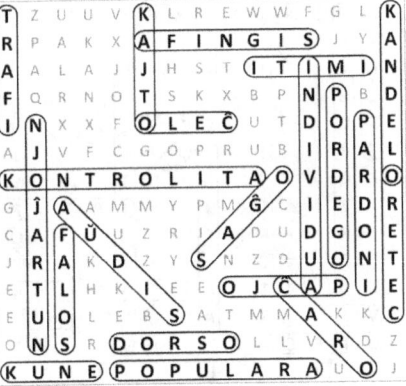

Puzzle 28

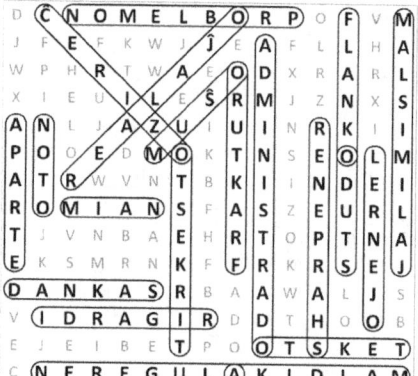

Puzzle 29

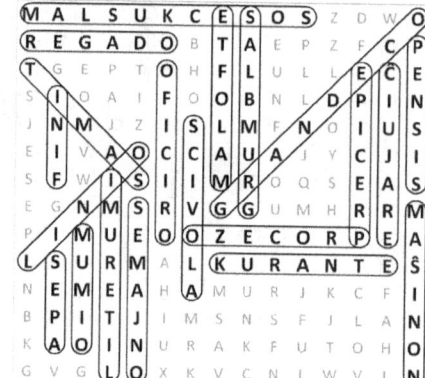

Puzzle 30

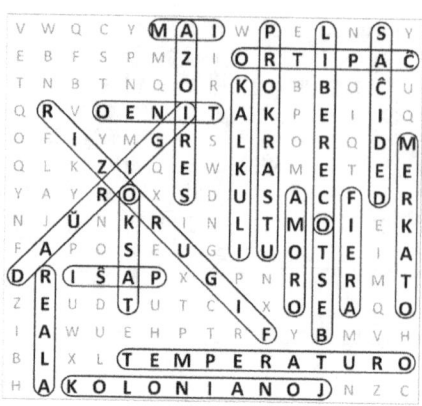

Puzzle 31

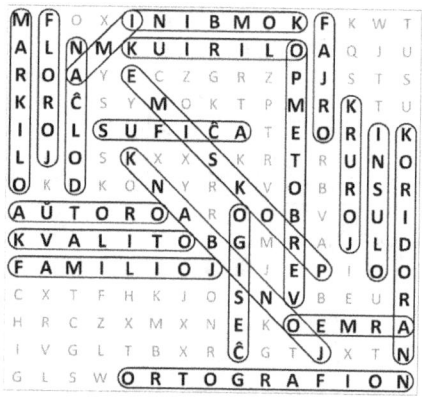

Puzzle 32

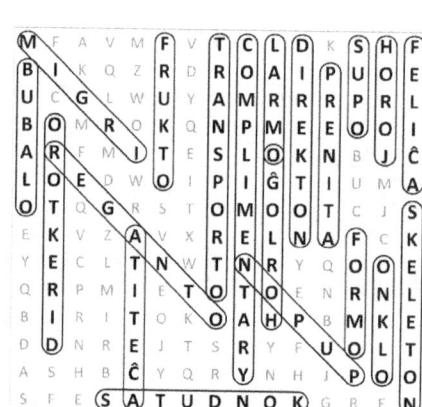

Puzzle 33

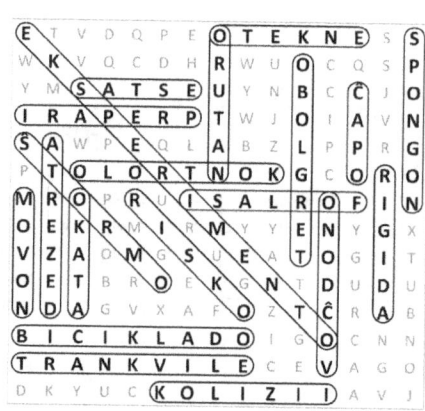

Puzzle 34

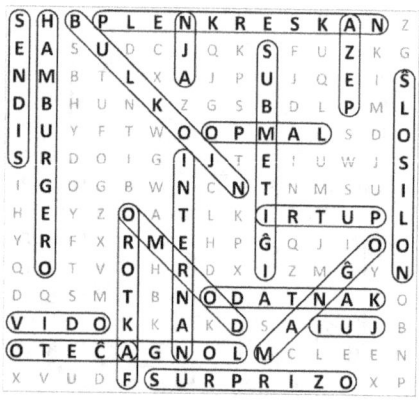

Puzzle 35

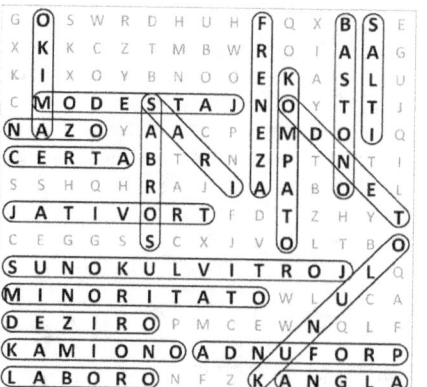

Puzzle 36

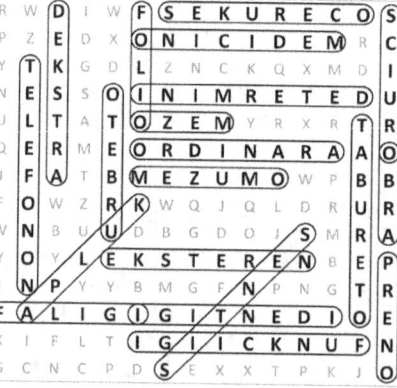

Puzzle 37

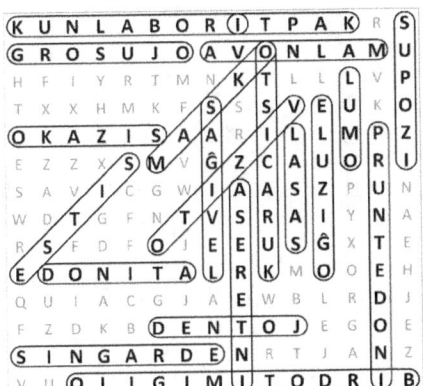

Puzzle 38

Puzzle 39

Puzzle 40

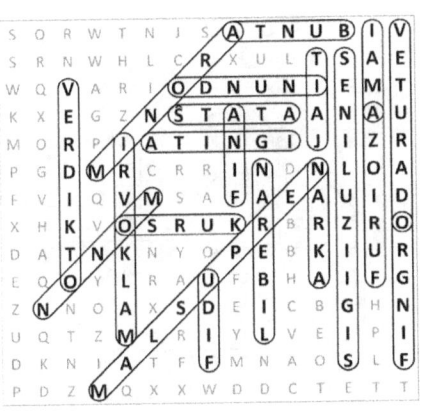

Puzzle 41

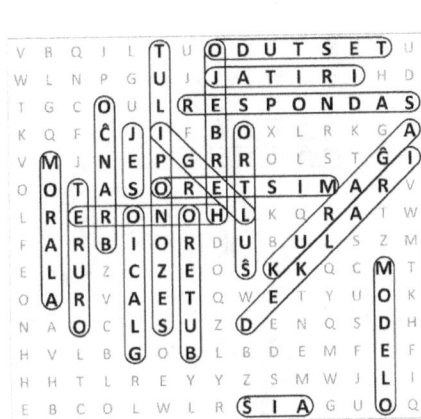

Puzzle 42

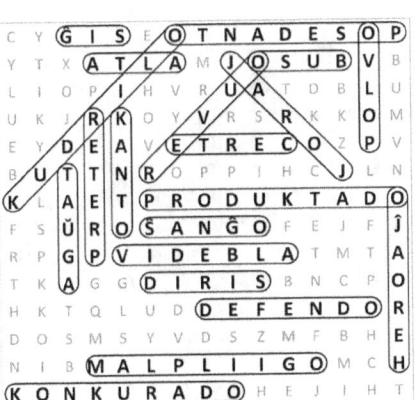

Puzzle 43

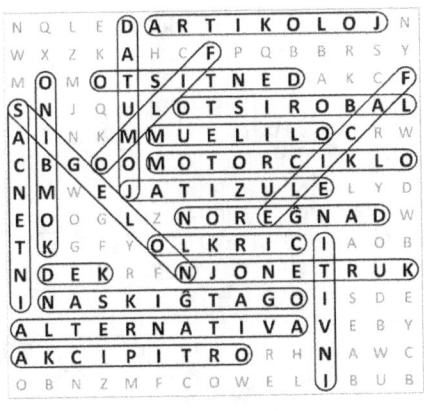

Puzzle 44

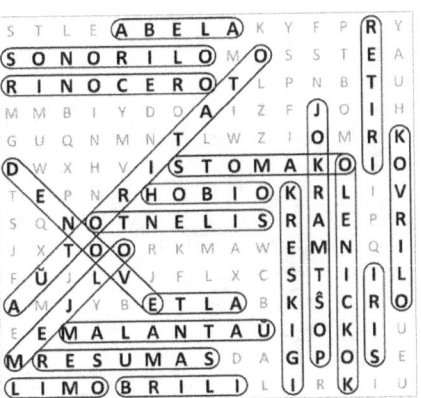

Puzzle 45

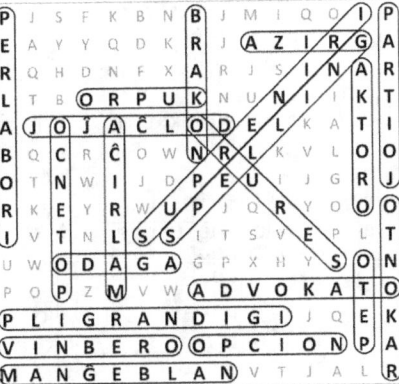

Puzzle 46

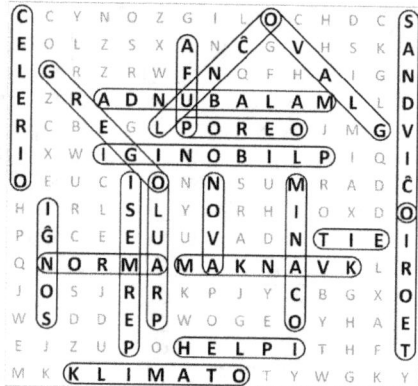

Puzzle 47

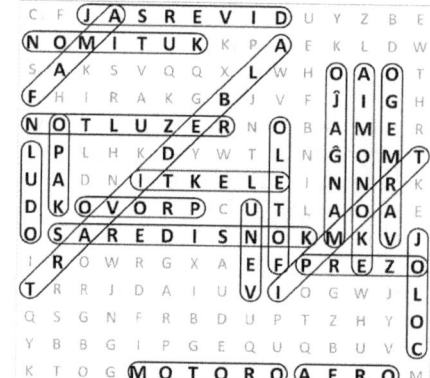

Puzzle 48

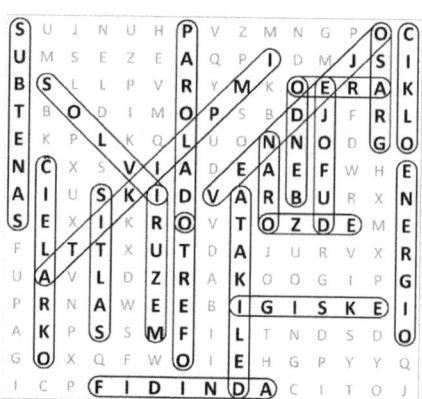

Puzzle 49

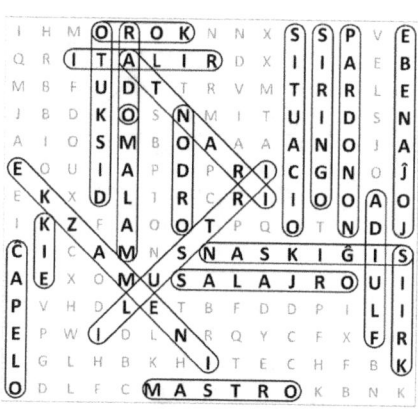

Puzzle 50

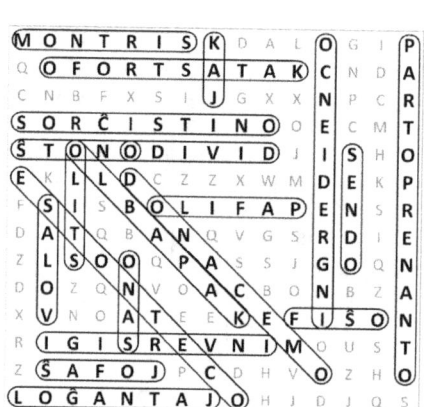

Puzzle 51

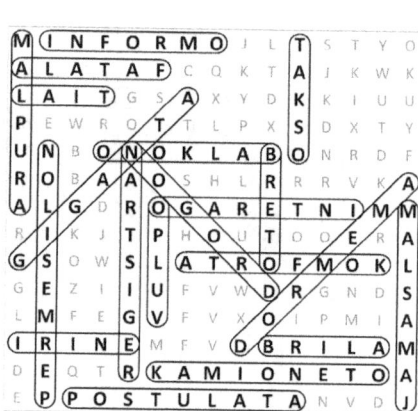

Puzzle 52

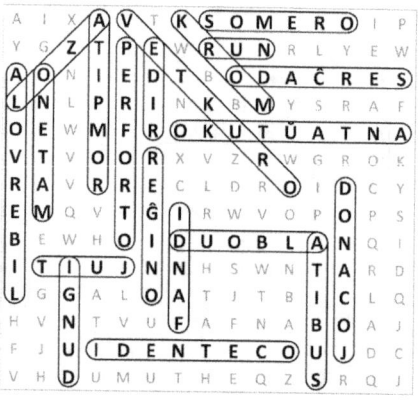

Puzzle 53

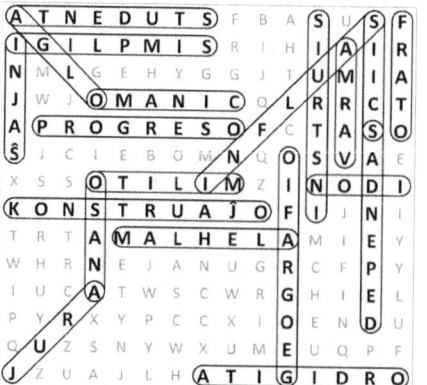

Puzzle 54

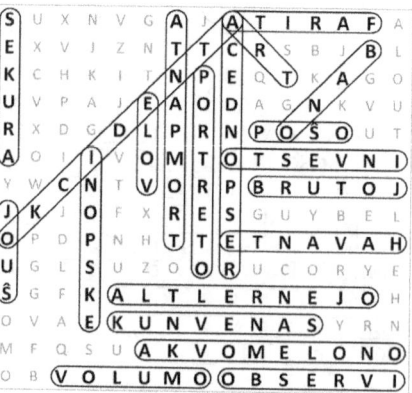

Puzzle 55

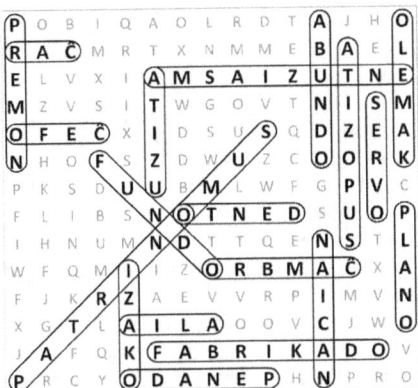

Puzzle 56

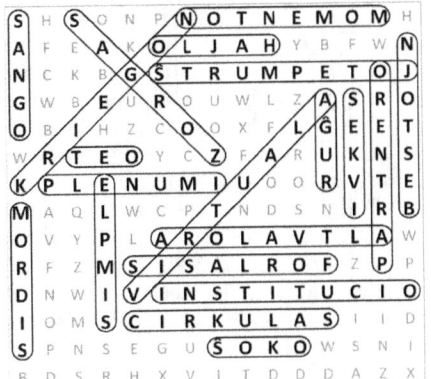

Puzzle 57

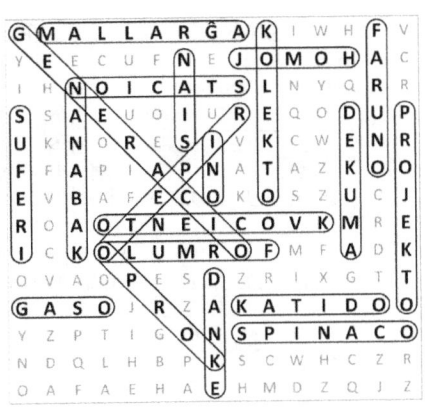

Puzzle 58

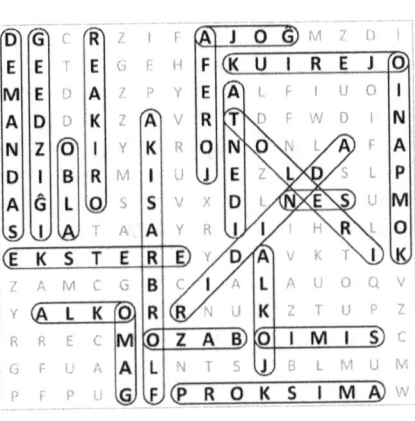

Puzzle 59

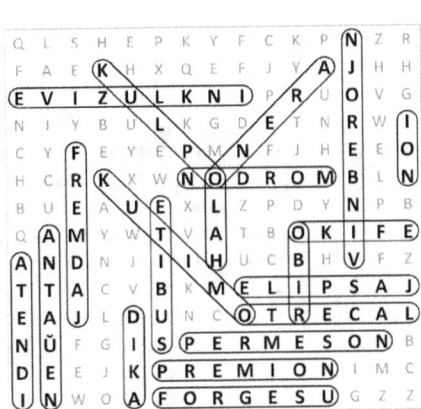

Puzzle 60

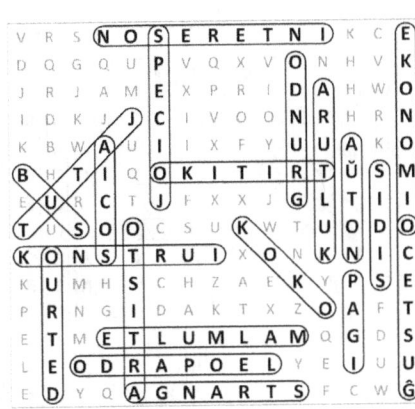

Puzzle 61

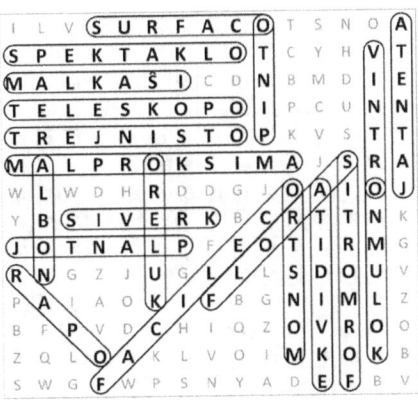

Puzzle 62

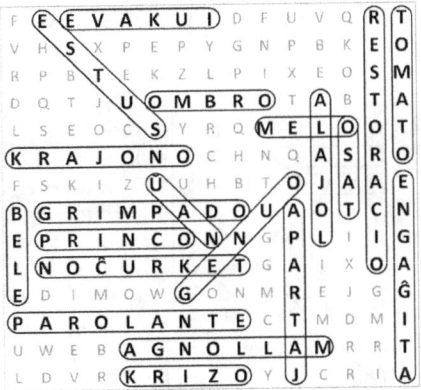

Puzzle 63

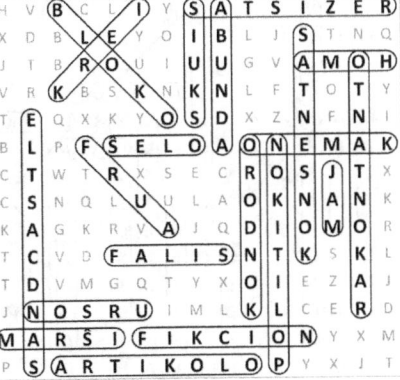

Puzzle 64

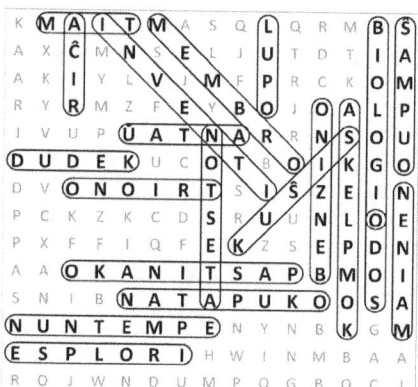

Puzzle 65

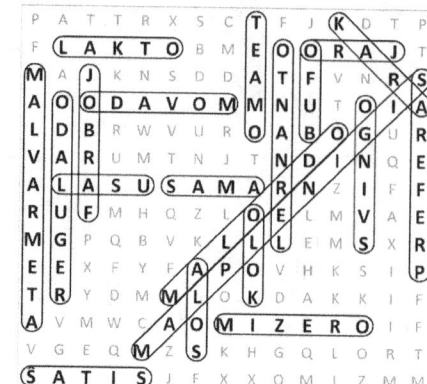

Puzzle 66

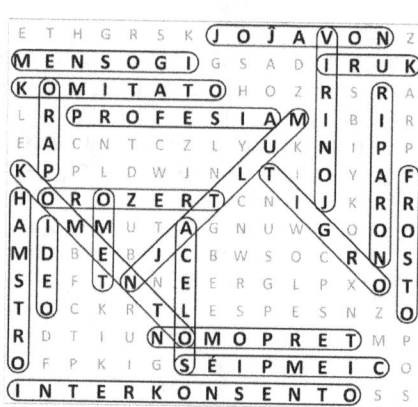

Puzzle 67

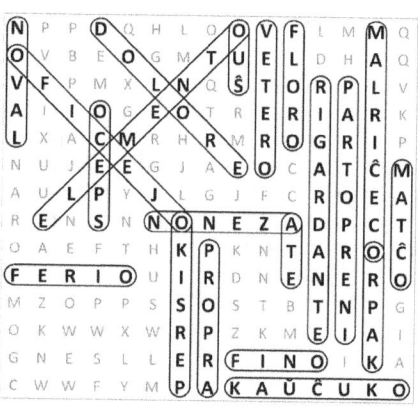

Puzzle 68

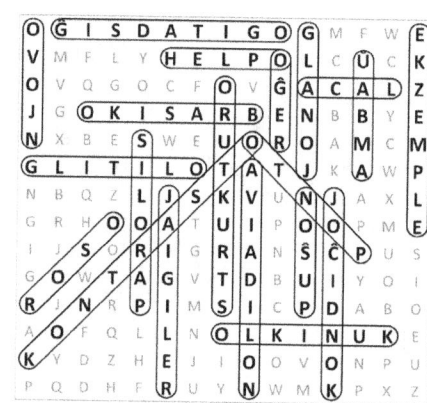

Puzzle 69

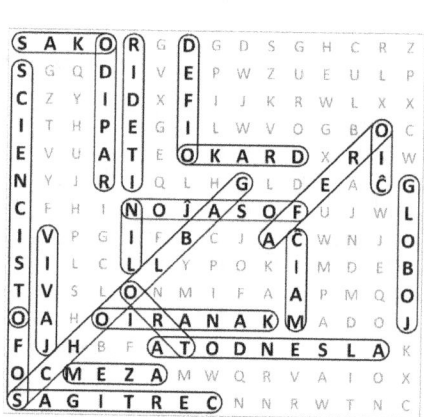

Puzzle 70

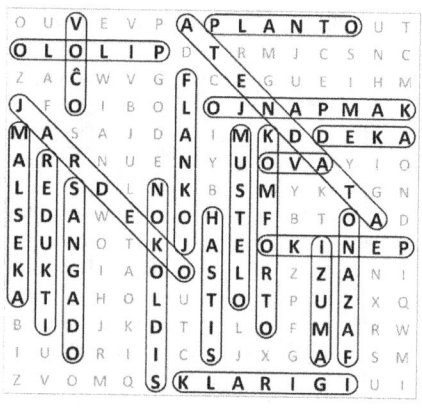

Puzzle 71

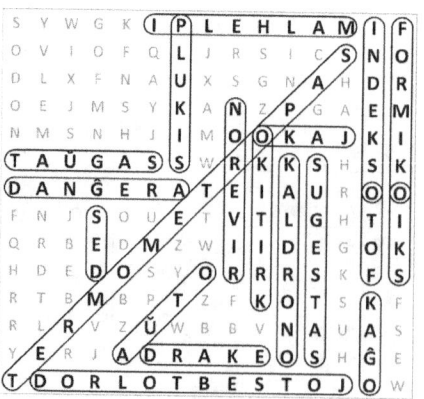

Puzzle 72

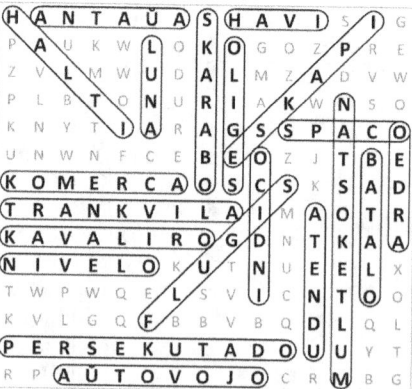

Puzzle 73

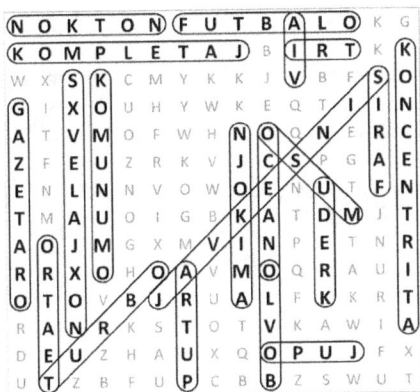

Puzzle 74

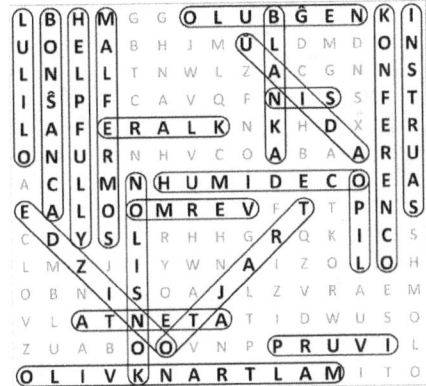

Puzzle 75

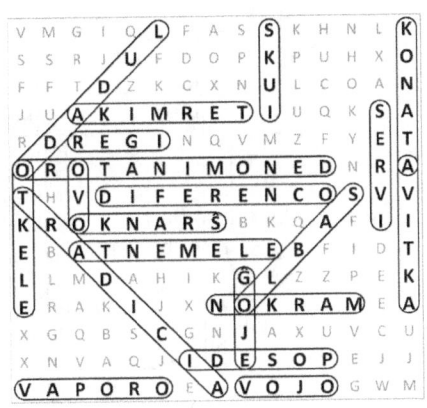

Puzzle 76

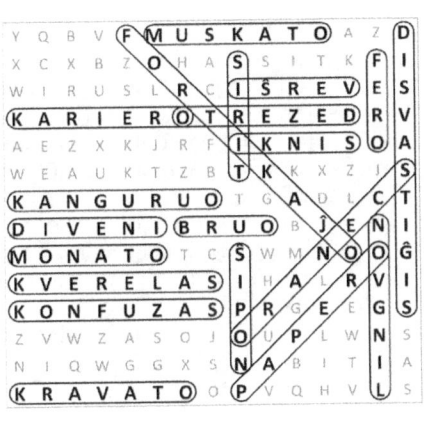

Puzzle 77

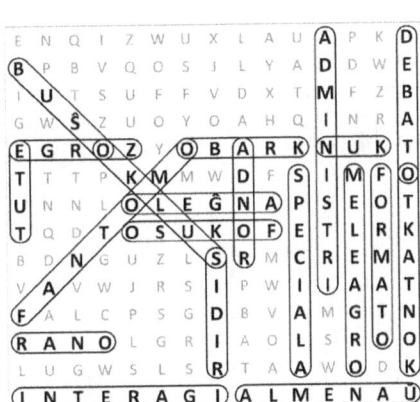

Puzzle 78

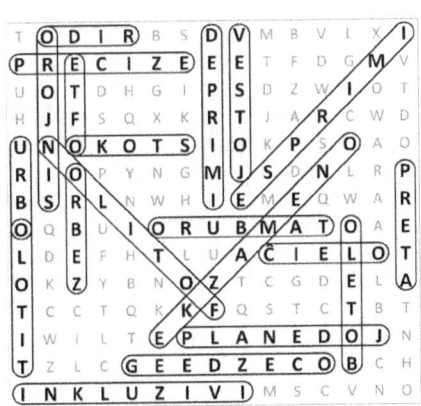

Puzzle 79

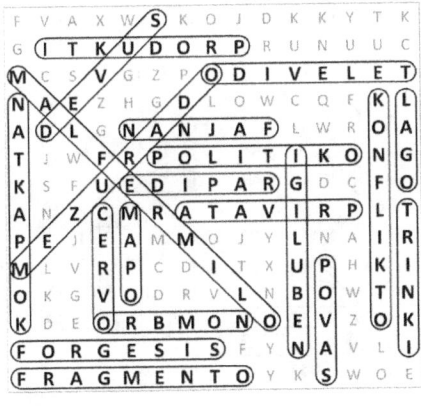

Puzzle 80

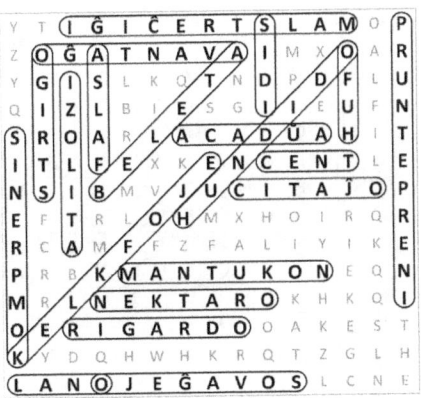

Puzzle 81

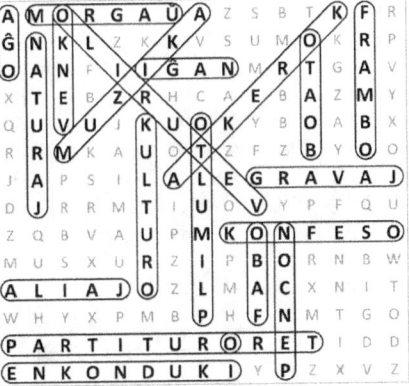

Puzzle 82

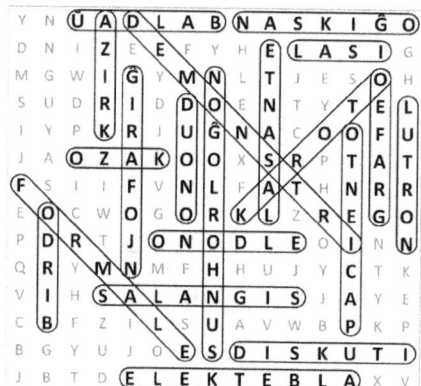

Puzzle 83

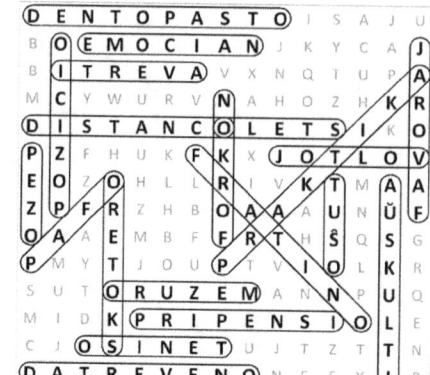

Puzzle 84

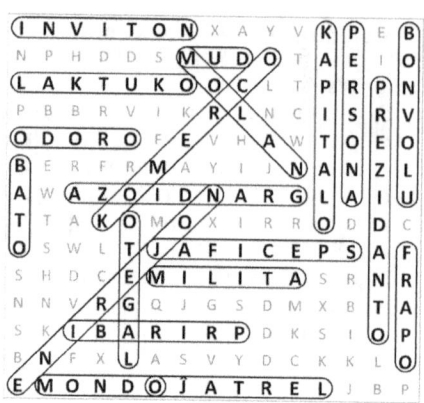

Puzzle 85

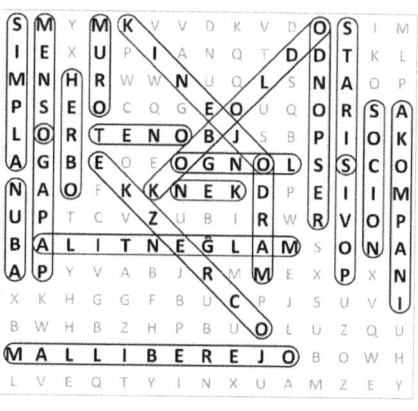

Puzzle 86

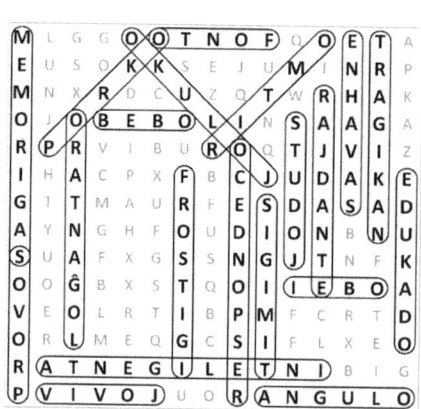

Puzzle 87

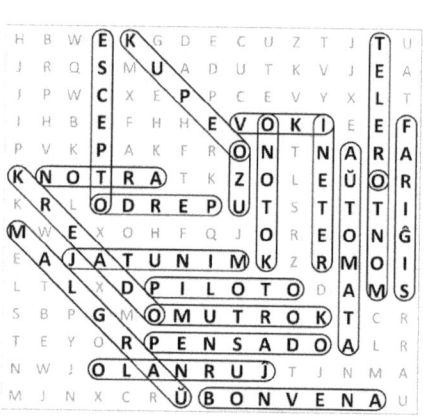

Puzzle 88

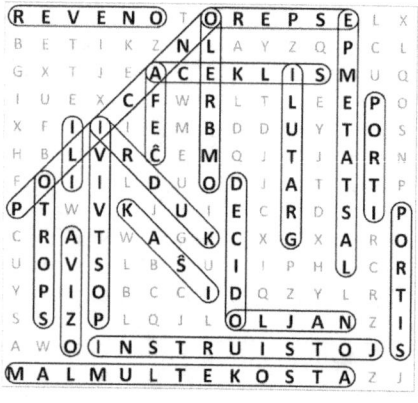

Puzzle 89

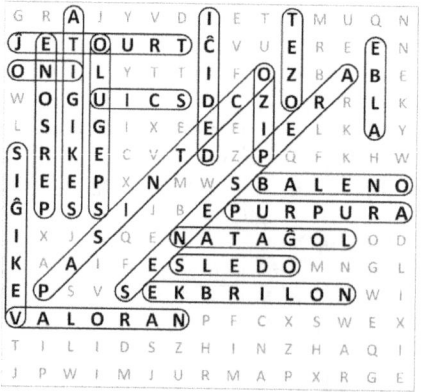

Puzzle 90

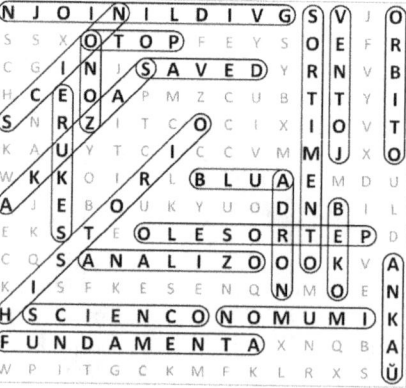

Puzzle 91

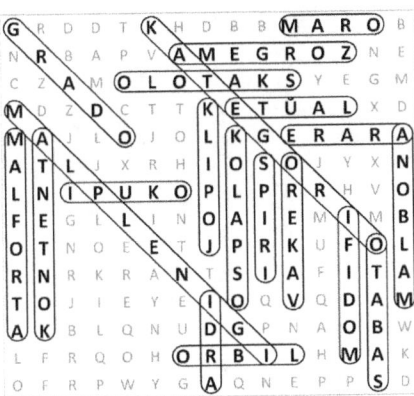

Puzzle 92

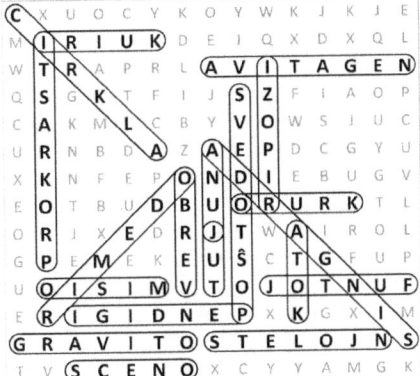

Puzzle 93

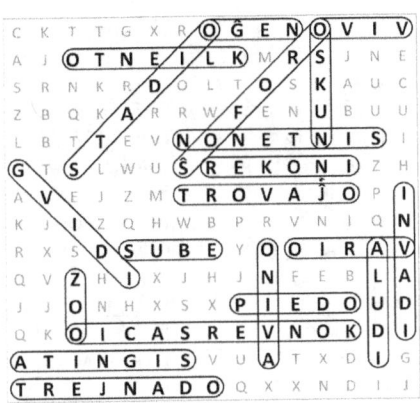

Puzzle 94

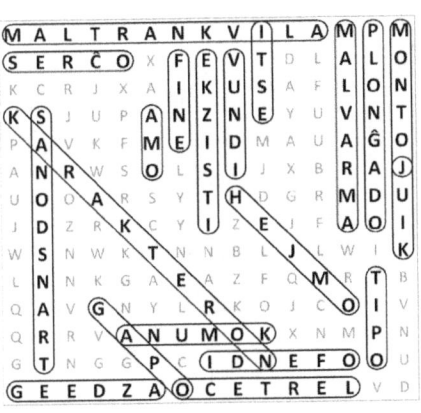

Puzzle 95

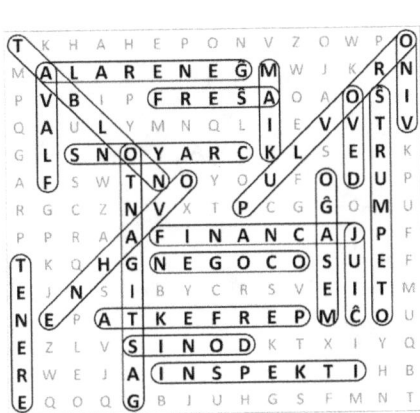

Puzzle 96

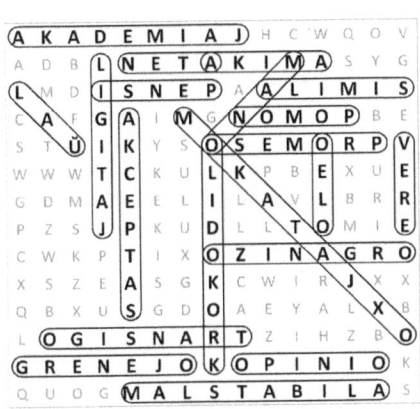

Puzzle 97

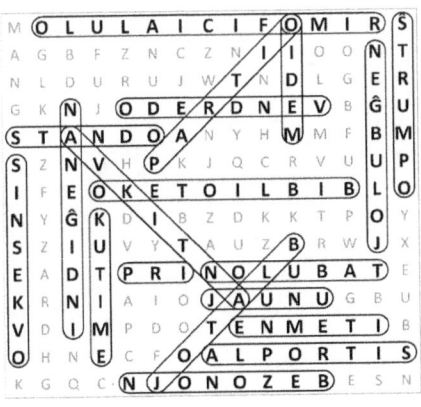

Puzzle 98

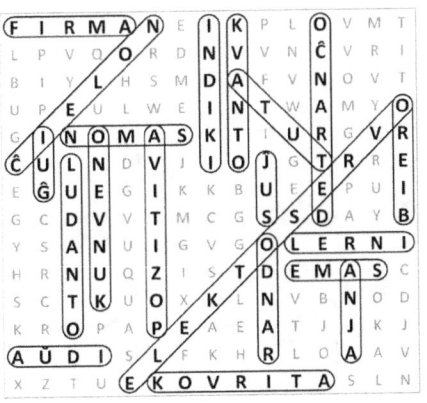

Puzzle 99

Puzzle 100

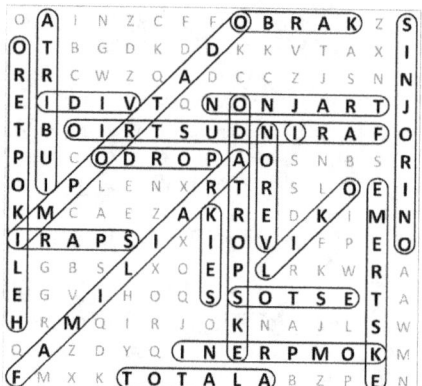

Congratulations

You made it!

We hope you enjoyed this book as much as we enjoyed making it. We do our best to make high quality games.

These puzzles are designed in a clever way to actively spark the brain and make it sharp and quick!
Did you love them?

A Simple Request

Our books exist thanks to the reviews you post on Amazon. Could you help us by leaving a review now?

Here is a short link which will take you to your Amazon orders review page.

BestBooksActivity.com/Review50

MONSTER CHALLENGE!

Challenge #1

Ready for Your Bonus Game? We use them all the time but they are not so easy to find. Here are **Synonyms**!

Note 5 words you discovered in each of the Puzzles noted below (#21, #36, #76) and try to find 2 synonyms for each word.

Note 5 Words from *Puzzle 21*

Words	Synonym 1	Synonym 2

Note 5 Words from *Puzzle 36*

Words	Synonym 1	Synonym 2

Note 5 Words from *Puzzle 76*

Words	Synonym 1	Synonym 2

Challenge #2

Now that you are warmed-up, note 5 words you discovered in each Puzzle noted below (#9, #17, #25) and try to find 2 antonyms for each word. How many lines can you do in 20 minutes?

Note 5 Words from **Puzzle 9**

Words	Antonym 1	Antonym 2

Note 5 Words from **Puzzle 17**

Words	Antonym 1	Antonym 2

Note 5 Words from **Puzzle 25**

Words	Antonym 1	Antonym 2

Challenge #3

Wonderful, this monster challenge is nothing to you!

Ready for the last one? Choose your 10 favorite words discovered in any of the Puzzles and note them below.

1.	6.
2.	7.
3.	8.
4.	9.
5.	10.

Now, using these words and within a maximum of six sentences, your challenge is to compose a text about a person, animal or place that you love!

Tip: You can use the last blank page of this book as a draft!

Your Writing:

Explore a Unique Store
Set Up **FOR YOU!**

MEGA DEALS

BestActivityBooks.com/**TheStore**

Designed for **Entertainment**!

Light Up Your Brain With Unique **Gift Ideas**.

Access **Surprising** And **Essential Supplies**!

CHECK OUT OUR MONTHLY SELECTION NOW!

- Expertly Crafted Products -

NOTEBOOK:

SEE YOU SOON!

Delta Classics Team

BESTACTIVITYBOOKS.COM/FREEGAMES